潜水钟与蝴蝶

〔法〕让-多米尼克·鲍比 / 著　邱瑞銮 / 译

南海出版公司

2007·海口

目 录

自 序

在老旧的麻布窗帘后面,映着浅浅奶白色的光,透露了天色已破晓。我的脚后跟很痛,头仿佛千斤重,而且好像有潜水钟之类的东西紧紧罩住我的全身。我的房间轻轻缓缓地从昏暗中抽退出来。我仔细端详我亲爱的人的照片,孩子们的涂鸦、海报,以及一个铁制的小小自行车选手,这是一位朋友在巴黎—鲁贝自行车赛开赛的前一天寄来的纪念品,我也仔细端详围着护栏的床,这张床是我六个月以来,像岩石上的寄居蟹一样赖着不走的地方。

不需要思索很久,就知道我人在哪里,我记得我的人生是在去年十二月八号的那个星期五起了个大反转。

在那以前,我从来没有听过别人提起脑干。那一天,我心血管发生意外,所谓的脑干丧失了传导的功能,我才猛然了解它是我们头脑运作的重要枢纽,是联结大脑与神经末梢必不可少的路径。以前,我这种病叫"脑溢血",一旦发作,二话不说就是死路一条。救生医疗技术的进步,使得病人所受的刑罚更加精巧。我虽然免于一死,却陷在这样的处境里:从头到脚全身瘫痪,意识清醒地

1

封闭在自己的内在世界中，无法和人沟通，只能靠着眨左眼皮，与外界对话。这种病症刚刚才被英国医生命名为"闭锁症候群"。

当然，当事人总是最后才知道自己交上这样的好运。以我来说，在身体机能完全受损之前，我应该是昏迷了二十天，又连着好几个礼拜意识模糊。一直到一月底，我才在贝尔克海军医院一一九号病房里苏醒过来，也就是在现在照进来早晨第一缕光线的这间病房。

这是一个普通的早晨。七点钟，小教堂的钟声开始当当作响，十五分钟一响、十五分钟一响地标明了时间的流逝。停歇了一夜以后，我阻塞的支气管又发出哼哼咻咻的杂音。我的双手蜷缩在黄色被单上，疼痛难当，痛得我根本分不清我的手是灼热，还是冰凉。为了克服关节硬化的毛病，我本能地把肢体伸展了一下，使劲让手臂和大腿挪动几厘米。常常，这能减轻一些肢体上的疼痛。

当我困顿如茧的处境，比较不会压迫得我透不过气来时，我的心就能够像蝴蝶一样四处飘飞。有好多事情要做。我可以在空间、时间里翱翔，到南美洲最南端的火地岛去，或是到神话中的米达斯国王的皇宫去。

我可以去探望我所爱的女人，悄悄挪到她的身边，抚摸她沉睡中的脸庞。我可以在西班牙建造城堡，掠取金羊毛，勘察亚特兰提斯，实现童年的梦想，完成成年的雄心壮志。

暂且停止四散纷飞的浮想。我必须先构思这个卧病在床的旅游札记开头要怎么写，在出版社派人来一个字母一个字母地记下札记内容之前，我就要准备好题材。在我脑子里，每个句子都要先搅拌过十次,删一个字,加一个形容词,牢牢记住我造的句子,把一个段落、一个段落的文句都背下来。

七点三十。值班的护士小姐打断了我的思路。一天的例行活动准时开始,她拉开窗帘,检查一下气管导管和注射的点滴,然后打开电视看看新闻。现在,电视正在播卡通影片,故事是说一只西方跳得最快的癞蛤蟆。要是我许愿,希望自己变成癞蛤蟆,那会怎么样呢?

轮　椅

　　我从来没看过这么多穿白袍的人在我的小房间里。好几个护士、好几个看护工，还有物理治疗师、职能治疗师、心理分析师、神经科医师、实习医师，甚至专科主任，整个医院里的人都在这个时候调度过来。当他们推着轮椅进病房，来到我床边的时候，我还以为是要我腾出床位，让给新来的住院病人。住在贝尔克几个星期以来，我每天一点一点地泅近脑海的岸边，意识逐渐清醒，但我还是没有办法想象轮椅会和我有任何关联。

　　没有人为我描绘我目前确实的处境，而我从这里一点、那里一点拼凑起来的只言片语中，自己把它解释为我的情况乐观，必定能够很快地恢复行动自由、恢复说话能力。

　　我四处飘飞的浮想甚至做了千百个计划：一本长篇小说、几趟旅行、一个剧本，而且要把我发明的水果鸡尾酒商品化，推广到市场上。不要问我调配的方法，我已经忘了。他们立刻为我穿上衣服。"这会让你精神比较振奋。"神经科医师用教训人的口吻说。其实，穿上了医院里专用的黄色尼龙罩衫以后，我真希望能再穿穿格子衬衫、旧长裤，和变形了的粗毛线衫，只是怕穿上这些衣服又会变成我另一个噩梦——看这些衣服随着我严重变形、疼痛不堪的松垮身体千绞百扭。

　　罩衫穿好了以后，"仪式"就开始了。两个粗手粗脚的人抓着我的肩膀和脚，有点粗暴地把我从床上抬起来，放到轮椅上。一场单纯的疾病，让我成了残障，就好像本来斗小牛的斗牛士升格了，要去斗大公牛。没有人为我鼓掌，但是大家差不多也都有这个意思。照顾我的人推着我在这个楼层转一转，好检查我的坐姿会不会引发突如其来的痉挛。但是我对他们的摆布没有任何反应，只一心思量着我的前程就这样毁于一旦。他们在我的后脑垫了一个特制的垫子，因为我的头会略微晃来晃去，好像非洲女人把一年一年套在她们脖子上的串串金环取下来以后，她们被拉长的脖子也会这样晃动。"你以后都要坐轮椅啰。"一位职业治疗师笑眯眯地加上评语。他想使他说的话听起来像个好消息，然而这回响在我的耳里，却像是判决一样。轰的一瞬间，我突然了悟这个让人惊慌无措的既定事实，恍如原子弹的蘑菇云一样令人目眩，又仿佛比断头台上的铡刀更锋利。

　　他们都走了，只留下三位看护工帮着把我搬回床上去。看他们那副吃力的样子，不禁让我想起了警匪片里的画面：几个歹徒使劲把刚刚撂倒的一具碍事者的尸体，塞进车子后座的行李箱。轮椅被弃置在角落，我的衣服搭在它深蓝色的塑料靠背上。最后一位穿白袍的人离开以前，我示意他轻轻扭开电视。现在正在播《数字与字母》，是我爸爸喜欢的一个节目。从早上开始，雨点就不断打在石板上。

祷 告

终究，轮椅这个事件的冲击是有益的。事情变得比较明朗。我再也不会去订一些无法实现的计划，而且，朋友们也不会沉默着不知道和我说什么好。自从我发病以后，他们就以感情在我四周筑起了一道藩篱，不忍心跨越。但现在再也没有什么碰触不得的话题，我们开始谈闭锁症候群。首先，这种病很罕见。要非常幸运，才能掉进这种可怕的陷阱里，比中彩票大奖更需要有好运气。但是这种说法安慰不了我。在贝尔克，只有我们两个人"吉星高照"，而我的闭锁症候群情况究竟如何，尚有待观察。我还能够转动头部，就不太应该了，基本上，在临床诊断时，是预料不到会有这样的情况发生的。大部分这种病例都被弃置在植物人的状态，而医学界依然不了解这种疾病的病程发展。我们只知道，要是神经系统哪一天突然心血来潮决定重新运作，它的速度大概会相当于从大脑基质底层长出头发的速度。换句话说，就是我要能动一动脚趾头，大概是好几年以后的事了。

其实，必须先想办法改善的，是我呼吸道方面的问题。长期来看，我有希望能够正常地进食，不必靠插胃管；也有希望可以自然地呼吸，吸吐气息带动声带的振动。

而目前，要是能把不断流进我嘴巴里的口水顺利咽下去，我就会是全世界最快乐的人。天还没亮，我就开始练习把舌头挪到口腔后部，试图刺激它产生吞咽的反应。然后，我向着挂在墙上的小香包，为我的喉咙祈福。这个小香包是几位信仰虔诚、游走在外的同事，从日本带给我的护身符。我的亲朋好友都会以祈福的心，随着他们的脚踪，为我带回来许多祝祷，这些祝祷多得足以堆成一座宏伟的建筑，而墙上的小香包就是这座建筑中的一颗石子。在世界各个角落，都有亲朋好友为我祈求各种不同神祇的庇佑。我试着在这个浩瀚无边的精神信仰里作了一点安排。要是有人告诉我，他们在布列塔尼的教堂里为我点燃了几根祈福的大蜡烛，或是在尼泊尔的庙宇里为我颂祷经文，我就会立刻为一个明确的目的祈求庇佑。一位女性朋友向我保证，非洲的神灵非常敦厚温雅，因此通过她，我把我的右眼托付给喀麦隆的一位伊斯兰教隐士。我也把我受损的听力，托付给波尔多一个教会里的修道士，因为我虔诚的岳母和这个教会一向往来密切。他们定期为我拨数念珠祷告。有时候，我会偷偷溜到他们修道院去，聆听他们响彻天际的唱诗声。

　　一时还看不出这些祝祷有什么不寻常的效果，但是，当这个教会的七位修道士被狂热的伊斯兰教徒割喉杀害时，我会好几天耳朵不舒服。然而，这些神灵的庇佑和我女儿所作的比较起来，只不过是泥水造的围墙、沙土做的堡垒、防守不住的马其诺防线，我的女儿西莉丝特每天晚上睡觉前，都会为我献上小小的祷告。我们差不多在同一个时间入眠，我靠着这股最贴心的扶持力量，在梦境的国度里靠岸歇息，避开一切凶恶。

洗　澡

　　八点三十分，物理治疗师来了。治疗师碧姬有一副运动员身材，脸的侧面长得很像罗马钱币上的人形，她一早就来帮我动一动关节硬化的手臂和大腿。这种物理治疗称为"动员"，这个军事名词用在我身上感觉很滑稽，因为我这支军队溃不成军：二十个礼拜之内掉了三十公斤。我在发病以前吃了八天减肥餐，那时候怎么敢期望会有今天这样的成效。碧姬还查看了一下我会不会颤抖，有没有改善的迹象。"试试看，握紧我的手。"她说。我偶尔会有幻觉，以为能够挪动手指头，所以我集中全部的力量，试图捏碎她的指骨，但是根本连动也没动一下，她又把我呆滞不动的手放回泡绵衬垫上。事实上，唯一有进展的是头部。我的头可以左右转九十度，我的视野能看到隔壁建筑物屋顶的石瓦，也能在我没办法张开嘴巴的时候，看到我儿子提奥菲画的一只奇怪的米老鼠伸出长长的舌头。因为持续的练习，我的嘴巴已经能微微张开。就像物理治疗师说的："必须要非常有耐心。"这一套复健运动最后一个步骤是脸部按摩。碧姬温热的手，按压我整张脸，包括我自己觉得硬得像羊皮纸、瘦瘠无肉的部分，也包括还有神经知觉、能皱一边眉毛的那部分。这两部分的分界线正好从嘴巴经过，我只能牵动一边的嘴角，略略露出一半的微笑，不过这已经足以让我把心情的起伏表露出来。另外，和我家居生活有关的一个插曲——梳洗，总会带给我种种复杂的感受。

有一天，我突然觉得很可笑，都四十四岁了，还像个小宝宝，需要人帮我清洗、转身、擦拭、包尿布。完全倒退到婴儿期，居然会让我有种隐约的快乐。但是过不了多久，所有这些事情却会让我忧伤难以自抑，眼泪就这样滴到了看护工抹在我脸颊上的刮胡泡泡里。

每个礼拜一次的洗澡，会让我同时沉浸在痛苦折磨与幸福至乐中。泡在浴缸里的美妙时刻，很快就会有一股乡愁急急划游而来，而以前泡澡曾经是我生活中最大的享受。带着一杯茶，或是一杯威士忌，再带一本好书，或是一叠报纸，我泡在浴缸里久久不出来，一边还用脚趾去转动水龙头。会有那么一会儿，我觉得以我目前的处境，来回忆那段愉快的时光是非常残酷的。幸好，我没有时间钻牛角尖。他们把发抖的我放在推床上，又把我送回病房，老实说，这张推床真是舒服得像伊斯兰教苦行僧睡的钉床。

十点三十的时候，从头到脚全身都要穿戴好，准备下楼到复健中心去。我拒绝穿医院建议的丑陋的慢跑衫，所以我还是穿我学生时代的旧衣服。和洗澡一样，我老旧的背心会使我回想起这一路走来，每一步痛苦的足迹。但是我宁愿把这些衣服看作生命延续的象征，证明我还是要成为我自己。哪怕要受罪，我还是坚持在开司米里做我自己。

字　母

　　我很喜欢字母表里的每一个字母。晚上，夜色阒黑，唯一还有一点生息的，是电视开关显示灯的小红点。在这个时候，元音和子音随着查理·特内一首曲调轻快的法兰多拉舞曲舞动："威尼斯，精美绝伦的城市，有我甜蜜的回忆……"它们手牵着手，从房间的这头跳到那头，来到床边绕圈圈，又沿着窗户舞动，蜿蜿蜒蜒地在墙上回旋，一直盘绕到门边，然后再从头来一遭。

　　E S A R I N T U L O M D P C F B V H G J Q Z Y X K W

　　这个看似杂乱无章的欢乐队伍，它们的排列组合并不是随便拼凑的，而是经过聪明的配置。与其说这是二十六个字母，不如说是一张排行榜，每一个字母按照它们在法文里的使用率排定先后次序。因此，E带头舞动，W紧随在最后，深怕脱队。B在赌气，很不高兴被下放到V的隔壁，它们两个的发音老是被搞混。骄傲的J很惊讶，它在很多地方常常当一个句子的起头，现在竟然被排得那么靠后。胖胖的G拉长了脸，它的位置会被H吹一口气，惹得它很火。常常焦不离孟、孟不离焦的T和U，没有被迫分离，尽情享受着相聚的喜悦。这一切的排列组合都有成立的理由：使所有愿意尝试和我直接沟通的人，沟通起来不会那么艰难。

　　这一套办法很原始。人们按照E、S、A……的次序，把一个个字母念出来给我听……一直到我眼睛眨一下，示意就是那个字母，对方就把字母记下来。下一个字母也是照这种方式进行。要是没出什么差错，很快就可以拼出一个完整的单词，然后一些句子和片段也渐渐可以看懂。不过，这只是一套办法，只是运作的方式，是用来解释的说明书。接下来，在实际会发生的状况中，有些人会怕，有些人很理智。面对这一套文字代码，每个人的反应都不一样，就像每个人翻译我想法的样式也不一样。喜欢玩填字游戏的人，和喜欢玩排字游戏的人，可以用比较短的时间把单词拼出来。女人也比男人更能习惯于这种沟通方式。由于不断地练习，有些人非常熟练这一套方法，甚至不需要动用那本神圣不可侵犯的笔记本，不需要一边看着抄录在其中的字母排列顺序，一边在空白页上记下我所有的话语，好像记下阿波罗神殿女祭司的神谕。

不过，我在想，公元三千年时，要是有考古人类学家翻阅这本笔记本，他们会看到各种字句掺杂在同一页，有这样的句子："物理治疗师怀孕了"、"尤其是大腿"、"是阿瑟·韩波"，也有像这样的句子："法国人玩得跟猪一样差劲"。笔记里潦潦草草写了一些连不上的字，看不懂，又东拉西扯的，单词也没拼对，不是掉了几个字母，就是没有把音节接续拼完。真不知道他们看过之后会作出什么结论。

容易激动的访客很快就会失控。他们用单调平直的声音，很快地把二十六个字母丢出来，随随便便念几个字母，而一看所得到的响应是没头没脑的句子，他们就会忍不住叫起来："我真白痴啊！"但是终究，结果会变得比较轻松，因为我不需要卖力去应对，他们到最后会一肩扛起所有的对话，自己问问题，自己回答。我尤其害怕那些把话闷在心里的人。我问他们："还好吗？"他们回答："好。"然后立刻又把发球的责任丢给我。和他们对话，字母变成掩护的炮火，必须先提问两三个问题，才不会彼此尴尬地愣在那里。而那些有耐心讲究细节的人，比较不会出差错。他们仔仔细细地把一个个字母标出来，在句子还没有结束以前，不会去臆测这个句子奥秘的底蕴，也不会凭自己的意思补上一个小小的单词。他们以脑袋做担保，保证不会自己在 champi 后面加上 gnon，在 l'ato 后面加上 mique，也不会有 nable 自动接在 intermi 或是 insoute 的后面。这个对话缓慢的过程，很容易让人不耐烦，但这至少可以避免误解，而这种误解往往是那些冲动的人没有查验自己的直觉，而在不知不觉中陷入的泥淖。不过，我也能体味用这一套方法沟通别有一番诗意，就像有一天，我表示我要眼镜（lunette），对方却问我，我要月亮（lune）做什么……

皇 后

　　在法国已经没有多少地方，会特别经营一个处所来缅怀艾珍妮皇后了。海军医院里有一间非常非常大的厅廊，在这间大得可以同时推动五辆推床和轮椅，而且具有回音效果的厅廊里，有一个展示的玻璃柜，柜里陈设的正是一些和她有关的收藏。到这里参观之后，就明白，原来艾珍妮皇后——拿破仑三世的妻子，正是海军医院的赞助者。在这座小型博物馆里有两件珍藏，一件是白色的大理石胸像，重塑她年轻时候的光彩。这位失势的皇后在第二帝国结束半世纪后去世，享年九十四岁。另一件珍藏，是贝尔克车站副站长写给《海军通讯》主编的一封信，叙述一八六四年五月四日皇室人员短暂来访的盛况。从信里，可以看见有一辆特别的火车抵达了贝尔克，看见随从艾珍妮皇后的年轻女宾，她们这一群访客在城里四处游览，而且看见有人向医院里的小病人介绍这位鼎鼎大名的资助者。有一段时间，只要有机会去看这些珍贵的收藏，致上我的崇敬之意，我一定不会错过。

　　我一再重读副站长那封信，少说也有二十次。我置身在那一群喋喋不休的随从侍女之间，如影随形地跟着艾珍妮皇后从一个厅走到另一个厅，咫尺不离她的黄丝带女帽，不离她的塔夫绸小阳伞，以及从她身上飘散出来的宫廷特制古龙水的香气，迤逦而成路径。有一天刮大风，我大胆地趋近她，甚至还把我的头埋在她织缀着缎布花纹的白纱华服衣褶里。她的衣饰柔软得像搅拌过的奶油，也清爽得像早晨的露水。她没有把我推开。她的手指从我的发际穿过，轻柔地对我说："喏，我的孩子，你要非常有耐心。"她的西班牙腔，和神经科医师的腔调很像。这时候她不再是法国皇后，而是一位抚慰病人的神祇，是圣女丽塔，是绝望者的守护女神。

　　一天下午，我向她的塑像吐露我的忧愁，却发现有一张陌生的脸介于她和我之间。展示柜的玻璃上，反射出一张男人的脸，那张脸好像泡在一个装满乙醇的罐子里。嘴巴变形，鼻子受创，头发散乱，眼神里充满了恐惧。一只眼睛的眼皮缝合了起来，另一只眼睛瞪得大大的，好像该隐①不甘自己的命运受到诅咒的眼睛。我凝视着这边眼睛的瞳仁，有好一会儿，怎么也意会不过来其实这就是我自己。

　　这时候，一股无以名状的恬适感涌上心头。我不单是遭受流放，不单是瘫痪了、哑巴了、成了半个聋子，不单是所有的欢乐都被剥夺了，一切的存在都被减缩了，所剩下的仅仅是蛇发魔女美杜莎般的惊悚骇人，甚至，光看我的外表就够恐怖的了。这一连串接踵而至的灾难，使我不可遏抑地笑了起来，很神经质地笑了起来；被命运之锤重重击打之后，我决定把我的遭遇当成一个笑话。我呼呼喘着气的开怀笑声，刚开始时让艾珍妮皇后愣了一下，但是后来她也感染到了我的好情绪。我们笑得眼泪都流出来。这时候，市政厅所属的铜管军乐队开始演奏华尔兹。如果这不会冒犯艾珍妮皇后，我实在很乐于站起来邀请她跳舞。我们要在绵延数公里的方砖地板上舞动、飞旋。从这一次以后，我每到大厅廊，一看到皇后的脸，就对她那似有若无的微笑了然于心。

①　该隐（Cain），圣经中的人物，因不满耶和华看中弟弟的供物，而把弟弟杀了。耶和华因此处罚他。该隐不甘，谓刑罚太重，向耶和华求情。见圣经《创世纪》第四章一至十五节。

西那希露台

当 ULM 轻型飞机以一百米的高度，轰隆隆地从低空掠过贝尔克的欧帕海岸时，从海军医院这里可以看到最具有视觉震撼力的一幕。海军医院的建筑宏伟，雕琢精美，棕色的石墙高高耸立，一派法国北方建筑的样式，它的位置就在贝尔克城和英吉利海峡的茫茫海水之间，仿佛搁浅在沙滩上。在它最漂亮的那一面墙的三角楣上，写着"巴黎市立"几个字，就像写在公共澡堂和巴黎公立小学墙上的一样。这是在第二帝国时期，为了生病的小孩而设立的医院，因为当时巴黎的气候不适合疗养，所以就在这里盖了这所医院，但是其权责划归巴黎市。

虽然这所医院的位置是在加莱海峡附近，但是对社会救济局来说，我们好像就在巴黎塞纳-马恩省河边。

这整座建筑真像一座迷宫，有许多绵延不绝的通道，互相贯穿。常常可以见到"梅纳尔"的病人在"索雷尔"那里迷路了，他们嘴里不断重复念着这几位医生的名字，因为医院主要的几栋楼就以这些著名外科医生的名字来命名。这些迷路的人往往惊慌失措，眼神像孩子一样无助，好像刚刚有人把他从妈妈身边强行带走。他们摇摇晃晃地拄着拐杖，声音幽怨地喊道："我迷路了！"就像帮我推轮椅的人说的，我是属于索雷尔那边的。我其实还很清楚自己的方位，反而是帮我推轮椅的人常常被搞迷糊，尤其是第一次推我出去的人。要是他们走岔了路，四下摸索着路径，我也不作任何表示，宁愿随他们推着走。因为这正是发掘一些隐秘角落的好机会，能够瞧一瞧新来的脸孔，嗅一嗅厨房里飘散出来的气味。所以，我就是这样不经意地来到了灯塔这里。那时，我刚脱离昏迷状态，头几次有人推着我坐轮椅到处去逛，而当我们搭升降梯，迷了路，下错楼层，一转弯，突然就看到了灯塔的身影：高耸、坚实，橄榄球运动衫似的条纹，红白相间，看了就让人心安。我立刻让这座象征兄弟情谊的灯塔来保护我，它不仅守候海员，也守候着病人——这些搁浅在孤独浅滩上的遇难者。

后来我和灯塔一直都有接触，时常请人推我到"西那希露台"去看看它。西那希露台是索雷尔的一处露天平台，一向很少有人去，但对我来说，那里是医院地理环境的一个基本定位点。这一座正面朝南的宽敞露台，视野无限开阔，散发出像电影布景一样变化万千的迷人诗意。贝尔克的市郊，看起来好像是放在火车模型旁边的陪衬景物。在沙丘下方，有几间木造房屋，感觉好像是美国西部的幽灵城市。远眺大海，只见浪花沫子白闪闪的，好像从一个特别的光源映出来的光晕。

我可以一次又一次在西那希露台待上一整天。在这里，我成了有史以来最伟大的导演。取城市的一角，我重新拍摄奥森·韦尔斯的电影《邪恶之感》的近景镜头。在沙滩上，我为约翰·福特的《驿马车》再拍一次远镜头。在漫漫大海上，我又为弗立兹·朗的《月光舰队》创造一场吹袭走私犯的狂风暴雨。或者我把自己融入乡村景致里，我和这个世界的联系，就只有一只友善的手轻轻抚摸着我僵硬了的指头。我是疯子皮耶侯，脸上涂得蓝蓝的，头上盘着一长串炸药。想要划一根火柴的欲望，像云一样地飘过我的心头。是夜幕低垂的时候了，是最后一班火车驶向巴黎的时候了，是该回我房间的时候了。我期待冬天来到。全身穿得暖暖的，可以

游荡到夜晚，看太阳下山，灯塔的灯火接班，把希望的光照
在四面八方。

观光客

在第二次世界大战后，结核病爆发大流行，本来专门收容病童的贝尔克海军医院，也开始收容患了结核病的年轻病人。而今天这所医院主要是针对衰老化的问题，诊治身体和心智无可避免的削损。如果以一幅画来描绘这里整个医疗范围的话，老年医学只是这幅画的部分景观。画面里还有另一景：二十几位陷入永久昏迷的病人。这些可怜的人沉落在无穷无尽的黑夜里，一只脚跨在死亡的门槛上。他们从来没有离开过自己的病房。可是大家都知道他们人就在那里，他们仿佛是重担，压在医院全体人员身上，像是每个人心里背负的愧疚。另一侧，在贫病老年人区的旁边，有几位患肥胖症的病人，他们常是一副惊慌的神色。医生很希望能帮助这些人减轻庞然的体重。在中间的区域，有一支军团让人印象特别深刻，脚受伤的人是其中的主力部队。这些幸免于更大灾难的病患，有的是运动受伤，有的是车祸受伤、家庭意外受伤……等等，所有你想象得到的意外伤害都有。他们被送到贝尔克来，等待时间，使他们受伤的四肢复原。我把这些人称为"观光客"。

最后，要把这张图画得完整，还必须找一个角落安置我们这种人，我们这种折翼的飞禽、失声的鹦鹉，把巢穴筑在神经科一条死胡同里的可怜小鸟。当然，我们这种人有碍观瞻。我很清楚当我们经过别人的面前时，会引发对方轻微的无力感，引发僵硬与寂静。我们是比较不受欢迎的一群病人。

要观察所有这些景观，最好的地点就是复健中心，各式各样参加复健的病人都混杂在这里。这里真像是旧时巴黎的圣迹区①，充满了声响与色彩。在撑架、夹板、义肢，和多少有点复杂的复健器材交相碰撞的嘈杂声中，我们看见了一位戴耳环的年轻男子，骑摩托车重创骨折；还看见一位穿着荧光色运动外套的老祖母，她不久前从高脚凳上摔下来，现

① 以前巴黎有一个乞丐集中的地区，他们装成各种残废外出乞讨，回区后即恢复正常，好像突然因"圣迹"而治愈一样，该区因而得名。

在正在学走路；还有一位看似流浪汉的人，到现在都没有人知道他怎么会在地铁里压断了一条腿。因为现在这里没有什么人照管，所以这群人像洋葱似的排成一列，手舞足蹈地晃动着。而我则被系在一块倾斜的板子上，板子一点一点地拉起呈垂直状。每天早晨，我都要以这种毕恭毕敬的立正姿势，被悬吊半小时，好像是莫扎特《唐璜》的最后一幕，指挥官的石像现身。我周围的人，又笑又闹又喊又叫，彼此开开玩笑。我真希望自己也能分享大家的欢乐，但是当我以仅存的一只眼睛看着大家时，年轻的男子、学走路的老祖母，还有流浪汉，他们都会别过脸，一个个抬起头看天花板，好像亟需去检查固定在那里的火灾探测器。这些"观光客"大概都很怕火。

腊　肠

每天垂直悬吊的复健运动结束以后，推轮椅的人就会从复健中心推我回病房，把我搁在病床边，等看护工来帮我躺到床上去。每天中午的时候，这位推轮椅的人就会刻意用愉快的口吻，对我说："祝你好胃口！"那神情就好像他终于可以歇口气，明天再见了。当然，这句话有些唐突，就好像在八月十五祝贺别人"圣诞快乐！"也好像大白天里跟人道晚安。八个月以来，我只吃了几滴柠檬水和半汤匙的酸奶，而且这些一入口就唧唧咕咕地在呼吸道里迷路乱窜。这样的进食测试（我们故意夸张地把它叫作吃大餐）一直都没有很好的成效。不过可以放心的是，我不太觉得饿。两三瓶淡褐色的液状物质，透过一条斜斜连接到胃部的管子，提供我每天所需的卡路里。

有时候为了消遣，我会从汲取不尽的感官记忆库里，逼真地唤回我对味觉、嗅觉的记忆。我还运用了其他的技巧来弥补不足。我用细火慢炖对食物的种种回忆。我们随时可以上桌吃一顿饭，很是轻松自在。要是把这儿当作餐厅，不需要事先定位。要是由我来做饭，一定会宾主尽欢。红酒牛肉比较油腻，冻汁牛肉带点透明，杏桃蛋挞有一点点酸，酸得恰到好处。兴之所至，我为自己预备了十二只蜗牛，还有一道酸菜花生配猪肉，而且还准备一瓶用熟透了的白葡萄酿制的金黄色美酒。有时候我只想吃一个蛋黄没煮透的水煮蛋，配上一块抹着咸奶油的面包片。真过瘾啊！温热的蛋黄流进我的口腔和喉咙，细细地、缓缓地、暖暖地流进去。不会有不能消化的问题。当然，我的用料都是上选的：最新鲜的蔬菜、刚从水里捞起来的鱼、细嫩含脂的瘦肉。每一个步骤都要很讲究。为了做得更周全，有朋友把制作传统特鲁瓦小腊肠的食谱寄给我，这种小腊肠要用三种不同的肉做料，再用细绳缠绕起来。同样，我也非常看重季节的变化。在这个时节，我的味蕾细细品尝着甜瓜和红浆果的冰凉滋味。而且我还要把我的欲望封存起来，留待秋天才吃牡蛎和野味，因为我比较理智了，比较懂得克制食欲。

　　在这一段无法进食的漫长时间里，刚开始的时候，因为口欲得不到满足，时不时就要去拜访我想象中的食品储藏柜。我常常处在饥渴中。但是现在，只要有一根手工制的腊肠，用绳子一直吊在我的耳畔，我就很满足。譬如，干干的、可以切成厚厚一片的、形状不规则的里昂干红肠。切一小片干红肠含在舌尖，让它慢慢化掉，而不要嚼碎，不要一次就品尝它完全的滋味。这种美妙的享受是很宝贵的经验，一碰触到就会开启我的记忆之匣，让我想起四十年前的往事。当时我很小，还在吃糖的年纪，但是那时候我就特别喜欢吃猪肉做的食品。我还记得，每次我到哈丝拜大道一间黑漆漆的公寓，去看我外祖父时，都会讨着要腊肠吃，而咬字不清的我，总是把腊肠 saucisson 的发音里的 s、z、ts 念得很稚气，很讨人欢喜。外祖父有一位特别看护，特别留意到了我对腊肠的偏好。这位女看护很有手腕，懂得讨好爱吃美食的小孩和老人；她送我腊肠，一石二鸟地在我外祖父去世以前嫁给了他。我收到腊肠这份礼物的快乐，正好和家人对这场出人意料的婚姻的排斥成正比。我对外祖父的印象模糊，只觉得他和当时五百块旧法郎钞票上的维克多·雨果很像，都是面容严肃，拉长了脸处在昏暗中。但是我对腊肠的印象却很深刻，我清楚地记得这些腊肠和我的火柴盒小汽车，还有儿童故事书放在一起，显得很不协调。

我很怕再也吃不到更好吃的腊肠。

守护天使

　　桑德琳的白袍上别着一张识别卡，上面写着"语音矫正师"，但是我们应该把它念作："守护天使"。是她发明了点出一个个字母来沟通的方式，要是没有这套办法，我就和世界断绝了对话的管道。唉，我大部分的朋友都练习了这套方法，可是在医院这里，只有桑德琳和一位心理医师练习过。所以对医院里其他的人，我常常只能用最粗浅的示意法，眨眼睛，或是点点头，请人把门关上，把一直滴水的抽水马桶弄好，把电视机的声音关小，或是挪高我枕头的位置。并不是每一次我都能把意思传达得很清楚。

　　几个星期过去了，我孤寂无助的处境使我学会了以苦行僧的态度，不发怨言地忍受折磨，而且逐渐了解到医护人员可以分为两大类。大部分的医护人员从来没有想到要跨越门槛，试着了解我的求救信号；另一部分的人，心肠比较硬，他们总是悄悄把我忽略过去，假装没有看见我传达的绝望讯息。而那些感觉迟钝的人，会在我看"法国波尔多对德国慕尼黑足球大赛"，赛到中场正精彩的时候，突然关掉电视，然后赏给我一声"晚安"，人就走了，再也挽留不住。除了实际生活上的不便之外，这种无法沟通的状况也使我意志消沉。所以每当桑德琳一天两次来敲我的门时，我就觉得精神振奋，只要她像松鼠般畏怯的小脸蛋一进门，我所有愁闷烦乱的浮动情绪就一扫而空。一直束缚着我的那隐形潜水钟，在这时候似乎比较不会压迫得人喘不过气来。

矫正发音的课程是一项艺术，值得大家来认识它。你想象不到，用你的舌头执行机械性的动作，就能发出法文里所有的字音。目前，L这个音是我遇到的难关，可怜的 ELLE 总编辑，他再也不知道怎么念他自己主编的刊物名称。在良辰吉日，也就是在咳嗽间歇的时候，我比较有气力和气息发出一两个音素。我生日那一天，在桑德琳的帮助下，我终于能比较清楚地发出二十六个字母。再也没有比这个更好的生日礼物了。我听见了二十六个字母被一种来自久远年代的粗嘎声音，抛掷到空荡荡的虚空之中。这个让人极度疲劳的练习，好像是山顶洞人正在发掘语言。有时候会有人打电话进来，打断我们的练习。桑德琳会替我和我所爱的人讲电话，而我听着他们的交谈，趁机捕捉一些飘舞的人生碎片，就像捕捉蝴蝶一样。我的女儿西莉丝特告诉我，她骑在木马上到处闯荡的冒险故事。再过五个月，我们就要为她庆祝九岁生日了。我爸爸跟我说，他的两只脚很难使力，无法撑着站起来。他已经勇敢地度过了九十三年的人生。他们两个人就像是爱的锁链两端的两个环节，缠绕着我，保护着我。我常常自问，这种单向的对话，会使电话另一头的人产生什么样的心情呢？对我来说，他们会让我情绪波动。我多么希望对这些温柔的呼唤，不要只是沉默以对。我知道有些人不太适应这样的电话交流，就像芙罗兰。要是我没有先对着贴在我耳边的电话筒大声呼吸，温柔的芙萝兰不会先开口。"亲爱的，你在那里吗？"她会在电话线的另　端不安地问。

我应该说，有时候我也不太清楚自己在不在。

拍　照

　　最后一次去看我爸爸的时候，我帮他刮了胡子。那正好是我发病的那个星期。当时他人很不舒服，我到巴黎杜勒利公园附近他的小公寓去陪他过了一夜。早上，我为他泡了一杯奶茶以后，就帮他刮胡子。他已经有好几天没刮了。那天的景象一直深烙在我的脑海里。他勾着肩、驼着背，缩在红色毛毡的扶手椅里。他一向坐在这张椅子上一字一句地细细读着报纸。刮过胡子以后的火辣感，会刺痛他松垮的皮肤，可是爸爸忍着痛，不把它当回事。我拿一条大毛巾围在他瘦伶伶的脖子上，在他脸上抹了一大坨刮胡泡泡，我尽量不去刺激他布满皱纹，而且有多处微血管破裂的皮肤。衰老疲惫使他眼窝深陷，鼻子在消瘦的五官中显得更加突出，但是他整个人仍然端正自持，头顶上的白头发仿佛华冠，更加衬托出他的威严。我们所在的这个房间，有他逐渐累积的人生回忆，这些回忆本来只是薄薄的一层，覆在其上，后来老人家渐次在这里凌乱堆放杂物，而他是唯一了解这其中所有秘密的人。一些旧杂志、一些再也不会听了的唱片、一些奇怪的小玩意，还有一些老照片夹放在一个大玻璃框里。这些老照片各个时期的都有。有一九一四年第一次世界大战以前，爸爸穿着小小的海军军装，玩着铁环；有我八岁的女儿骑在木马上；还有一张我在一座迷你高尔夫球场拍的黑白照片。那时候我十一岁，有一对招风耳，看起来像个蠢蠢的好学生，而实际上，我是个又懒又笨的学生，很惹人厌。

最后，我帮爸爸喷上他最喜欢的香水，剃须修面的工作就算完成。然后我跟他说再见。只有这一次见面，他没有跟我提起他一直寄存在秘书那里的那封遗嘱。这次以后，我们没有再见过面。我没办法离开贝尔克这个"度假胜地"，而爸爸从九十二岁以后，腿就不听使唤，下不了楼梯，只能待在公寓里。我们两个人都患了"闭锁症候群"，各以各的方式处在闭锁状态中，我在我的身体中，而他在他的三楼公寓里。现在是别人每天早上为我刮胡子。当看护工用上个星期用过的老旧刀片尽责地锉磨我的脸颊时，我时常想起爸爸。

我希望我能更用心地做个剃须匠。

　　有时候，他会打电话给我，他摇颤的手握着听筒，我听见他颤抖而温热的声音传到我耳畔。和一个他明知道什么话也没办法回答的儿子讲电话，不是件容易的事。他也把在迷你高尔夫球场拍的那张照片寄给我。刚开始，我不懂这是为什么。如果没有人想到翻到照片背面看看的话，这可能永远是个秘密。在我个人的影像记忆里，几个已经遗忘的镜头播放了出来，那是一个春天的周末，天气不怎么晴朗，爸爸妈妈和我到一个刮着风的小镇去透透气。爸爸工整的字，只简单写着：靠海的贝尔克，一九六三年，四月。

另一个巧合

    如果我们问大仲马的读者，他们最想变成他小说中的哪一个人物，得票最高的大概首推《三剑客》里的主角达达尼昂，或是《基度山恩仇记》里后来化名为基度山伯爵的爱德蒙·唐泰斯，而没有人会想成为《基度山恩仇记》里处境最悲惨的人物，诺瓦蒂埃·德·维尔福。在大仲马笔下，他就像一具尸体，一脚已经踩在棺材里，却有一双目光炯炯的眼神。人们对这样一位严重瘫痪的病人，只有害怕，不会存有任何幻想。他心里藏着可怕的秘密，但却是个动弹不得的哑巴，虚弱的一生都在一把有轮子的椅子上度过，他只能以眨眼睛来和别人沟通：眼睛眨一下，代表"是"，眨两下，代表"不是"。事实上，诺瓦蒂埃好爷爷（他的小孙女都是这么亲热地叫他）是第一位患有闭锁症候群的人，而且到目前为止，是唯一出现在文学作品中的此种患者。

当我的意识逐渐清明，摆脱了发病后一直沉陷其中的昏沉迷蒙，我就常常想起诺瓦蒂埃好爷爷。我刚刚把这本小说重读了一遍，没想到现在自己就成了故事里这个处境最堪怜的角色。我重读这本书并非出于偶然。我曾经计划写一个现代版的《基度山恩仇记》（当然一定是东施效颦）：故事里的主人公施展一连串诡计的主要动机还是为了复仇，只不过我想把故事的背景改在现在这个时代，而且我想把基度山伯爵改成女的。

然而我一直都没有时间去亵渎大师的作品。如果要惩罚我的不敬，我愿意以化身为邓格拉尔男爵、弗兰兹·埃比那，或是法利亚长老作为处罚，或者干脆，被罚抄写一万遍小说内容。我们是不应该篡改大师作品的。但是，文学的神祇和神经病理学的神祇似乎都决定以其他的方式来惩治我。

有几个晚上，我觉得白发长长的诺瓦蒂埃好爷爷，坐着一世纪以前那张需要上油的老轮椅，在我们医院通道里来回巡视。为了扭转我被判定的命运，我现在在脑子里计划改写另一部长篇传奇小说，在这部著作里，最主要的见证人是赛

跑选手，而不是个瘫痪者。谁知道呢，说不定这真的行得
通，能扭转我的命运。

梦　境

一般而言，我不记得自己做过的梦。白日一到，梦中的情境就遗落，影像也变得朦朦胧胧。但为什么去年十二月的梦，却清晰如激光束一般，深深烙印在我的记忆中？也许人在昏迷中都会有这种不循常理的现象。因为病人既然回不到现实生活，梦就不再是一种容易消散的娱乐，而会一层层堆积起来，形成一长串的虚幻梦境，仿佛是从长篇连载小说里抽绎出来的。今天晚上，小说中的一个章节浮现在我的脑海。

在我的梦里，雪花大片大片地飘下来。我和我最好的朋友贝尔纳发着抖，走过一座汽车坟场，遍地覆盖着三十厘米厚的雪。这三天，贝尔纳和我一直想办法要回法国，因为法国这时候有一场大罢工，全国都陷在瘫痪中。我们本来暂留在意大利的冬季运动营里，但是贝尔纳发现有一条弯弯曲曲的小铁道可以通往尼斯，不过在边界有一群罢工的人阻断我们的路程，强迫我们下车，害我们只穿着普通的鞋子和春秋两季的薄衫，在严寒中打哆嗦。环顾四下，发现这里好荒凉。有一座高架桥从汽车坟场上空经过，据说，坟场的车子都是从五十米高的这条道路上掉下去，一辆辆堆积在这里。我们和一位很有权势的意大利商人有约，他把他的集团总部设在这座桥的桥墩下，远远避开一些窥探的眼睛。我们看见一扇黄色的铁门，门上挂着一个牌子，写着："触电者死"，还贴着一张万一触电时该如何处理的示意图。我们敲门，门开了。大门入口处看起来好像成衣工厂的存货间：好多上衣挂在架上，还有好几叠裤子、好几箱衣服，东西直堆到了天花板。我看到了一个人身穿作训服，手里握着一把冲锋枪，在一旁迎接我们。他那一头蓬乱的头发，好像是看守地狱之门的那只三头犬"赛伯拉斯"。他就是波黑塞族前领导人拉多范·卡拉季奇。"我的同志呼吸有困难。"贝尔纳对他说。卡拉季奇就在桌子的一角为我做气管切开术，然后我们经由一条豪华的玻璃楼梯走到地下室。地下室的墙上挂着猛兽的毛皮，旁边摆着一张椅座很深的沙发椅，一股柔和的光线把这房间衬得有点像夜总会。贝尔纳忙着和这地方的负责人讨论事情，这位负责人就是菲亚特的老板翁贝特·阿涅利的分身。有一位说话带着黎巴嫩腔的女佣人过来请我到小吧台旁边坐。吧台上的杯子、瓶子都用塑料管子代替，这些塑料管子从天花板上垂吊下来，就好像飞机遇难时会有氧气罩一样。服务生示意，要我拿个塑料杯子凑近嘴巴。我照做了。一种喝起来有姜汁味道的琥珀色液体流进了我口里，接着，一股暖暖的热流漫及我的脚尖和发梢。隔了一会儿，我想停，不想喝了，而且想从高脚凳上下来。然而我还是大口大口地灌，一点也由不得我。我慌乱地向酒保使了个眼色，希望能引起他的注意，但他只是神秘地对我微微一笑。在我四周，所有的脸孔和声音都变形了。贝尔纳对我说了一些话，但是从他嘴里发出来的声音都慢半拍，我根本听不懂。我坐在高脚凳上，听见拉威尔的《波丽路》。他们完全把我灌醉了。

经过了像永恒那么长的时间以后，我看见大家慌乱成一团，准备要战斗。讲话有黎巴嫩腔的那位女佣人把我背在她背后，爬上楼梯。"我们要离开了，警察来了。"外面天色已暗，雪已经止息，刺骨的寒风让我呼吸困难。有人在高架桥上设置了一座探照灯，光束在汽车残骸之间来回搜索。

"投降吧，你们被包围了！"扩音器喊着。我们成功地逃走，但对我来说，这是长期流浪的开始。在我的梦里，我多么想逃走，但只要我一有机会逃，就会突然觉得昏沉，一步也动不了。我像石像，像木乃伊，像玻璃。我和自由之间如果只是隔着一扇门，那么我连打开这扇门的力气都没有。然而，这不是我唯一担心的。这个秘密组织拿我当人质，我担心其他的朋友也会掉进同样的陷阱。我试着用各种方法来警告他们，但是我的梦和现实状况完全一致。我连一句话也说不出来。

旁 白

　　我知道有些叫醒人的方式比较温柔。一月底的一个早晨，我突然意识到有一个人弯腰俯在我上面，用针线把我的右眼皮缝起来，好像缝袜子一样。我没来由地觉得恐惧。要是这个人一冲动，也把我的左眼皮缝起来，那我和外界唯一的联系——我黑牢里的透气窗、潜水钟的潜望镜也都要被缝死了！还好，我不需要沦落到这样的暗夜中。他小心翼翼地把他的小工具放在铺着棉花的铁盒子里，然后用检察官诉请惩处累犯的口吻，简单撂下一句："六个月。"我用我还完好的那一只眼睛，以各种眼神传达我的疑问，但是这位先生，他常要花一整天时间仔细诊察别人的眼瞳，却不懂眼神里的话语。他就是那种"我管你呢"医生的典型，高傲、粗暴、目空一切，他要病人八点到，自己却九点才姗姗来迟，九点五分又急着要走，每个病人只分配到他宝贵的四十五秒钟。他的外形有点像淘气阿丹，圆圆大大的头，顶在矮矮的身躯上，整个人毛毛躁躁的。他对大部分病人本来就不会多浪费口舌，对像我这种鬼影子似的病人，就更加不会白花力气向我解释病情。后来我终于还是知道，为什么他会把我的眼皮缝起来六个月：因为眼皮已经无法保护眼球，失去了活动帘子的功能，而且如果不缝起来，还可能引发眼角膜溃烂。

几个星期以后，我心想，医院是不是故意用这种讨厌的人，使长期卧床的病患对医院产生戒心？从某方面来说，他是个替罪羔羊。要是他离开了贝尔克（这似乎是很可能的），我还能够嘲笑谁呢？他在这里，当他问我"你有没有看到双重影像"时，我还能自得其乐地在心里默默回答："是的，我看到两个笨蛋，而不是一个。"

和需要呼吸一样，我也一样有感受，需要爱、需要赞赏。朋友的一封信、巴尔蒂斯印在明信片上的画、圣·西蒙的一页文字，都给予流逝的时光一点意义。但是，为了保持自己敏锐的心思，也为了避免陷在绝望里失去斗志，我维持着一定比例的怒气，不会太多，也不会太少，就像压力锅，有安全阀的调节才不会爆炸。

　　呀，"压力锅"，这可以当一出戏的剧名，也许有一天我可以写我自己的经历。我还想到了这出戏也可以叫做"独眼"，当然，"潜水钟"也很好。你们都已经知道故事的情节和发生的背景了。正值壮年的 L 先生，本来是一家之长，现在他躺在医院病房里，学习如何在"闭锁症候群"中生活，面对这个严重心血管病变的后遗症。剧本里叙述 L 先生在医疗体系里的遭遇，以及他和太太、孩子、朋友，以及事业上的合伙人之间关系的嬗变，他本来在一家知名的广告公司上班，而且是公司的创办人之一，有功利心，有点愤世嫉俗，他的人生到目前为止，没有遭遇过什么大挫折。现在 L 先生才开始学习面对困境，眼睁睁地看着所有支撑他的确定性倒塌下来，并且发现亲近的人原来都是陌生人。大家可以找个好位置，仔细观赏整个缓慢推展的过程，代表 L 先生内心独白的旁白，会在一边述说情境。我只差动手把剧本写出来了，已经想好了最后一个场景：舞台上一片漆黑，只有一束光打在舞台中央的床铺上。景是夜景，所有的人都睡了。布幕升起以后，虚弱迟缓的 L 先生，突然推开被子，跳下床，在舞台上如虚似幻的光线中，绕着圈圈走。然后，黑暗又罩下来，观众听到 L 先生最后一句内心独白："他妈的，是一场梦。"

幸运日

　　早晨，天刚亮的时候，噩运就猛烈地袭击一一九号病房。提醒我进食时间到了的闹铃装置，半小时以前就在空落落的病房里嘎嘎作响。我想再也没有比这个更愚蠢、更让人神经紧张的装置了，一阵阵像扎针似的声音嘎嘎嘎响个不停，啮食着我的脑门。胶带被汗水沾湿，失去了黏性，贴不住我的右眼皮，却还贴在睫毛上，使我的眼睛痒得受不了。最后，还发生了一件事，把所有这些遭遇推向高潮：导尿管松脱了，我身上都被弄湿。在等人来帮我清理的时候，我轻轻哼着亨利·沙尔瓦多的一首老掉牙的歌曲："来吧，宝贝，这一切都不严重。"终于，护士来了，她一来就机械性地打开电视。正在播广告：Minitel 图文电视系统的服务，"3617 Milliard"请观众回答这个问题："你是天生的赢家吗?"

蛇 径

　　有人开玩笑问我，有没有想过去圣母玛利亚显灵的卢尔德朝圣？我回答，我去过了。那是七十年代末期，我和约瑟芬试图好好地一起旅行，但这样的努力还是使我们的关系复杂而紧张，计划每天的行程都会成为我们吵架的导火线，随时要爆发。有时候是为了早上启程，还不知道晚上睡哪里，也不知道走哪条路、到哪一个陌生的地方去，必须要彼此非常能协调才会有结论，要不然两个人就得硬着性子斗气斗到底。约瑟芬和我一样，都是属于后者。一个礼拜下来，在她那部浅蓝色的旧敞篷车里，沿路不断上演一对男女吵架的戏。我们才刚刚从阿克雷健行到巴斯克海岸旁的一处小沙滩

"爱之屋"去，约瑟芬的舅舅在那里有一栋别墅。对一个宣称除了运动以外，能为任何事情牺牲奉献的人来说，走这一程实在很折腾。我们横越比利牛斯山，历经了狂风暴雨，看不尽壮观的景色，在我们的身后沿路留下"我才没有说过这种话"的争吵痕迹。

我们争吵的主要原因，是为了一本六七百页厚的书，书的封面是红黑两色，书名很醒目，很吸引人——《蛇径》。内容是主人公查理·索布哈杰的所作所为，他类似某种四处浪游的印度教宗师，在孟买和加德满都用巫术害人，拦路抢劫西方旅客。狡诈的索布哈杰有一半法国、一半印度血统，他的故事确有其事。除了这些以外，我实在不知道该怎么陈述这本书的细节，要我大概说一下故事的内容，也可能会说错。但我很清楚地记得，查理·索布哈杰的巫术也完全左右了我。离开安道尔的时候，我还会稍微把眼睛从书本挪开，赞美几声风景美丽，但是到了法国南部山巅的时候，我断然拒绝下车，不愿散步到观景点去。那天的天气也实在非常阴霾，灰黄色的浓雾罩住了整座山，能见度很差，也降低了游览的兴致。然而，约瑟芬丢下我不管，赌气穿向云雾间，两个小时不见踪迹。后来她坚持到卢尔德去，就是为了要帮我解除魔法吧？我想，既然我从来没去过那个世界知名的圣母显灵的地方，和她去看看又何妨，所以我就没有异议，答应了。总之，我的脑袋被这本书弄得发晕，早把查理·布索哈杰和伯纳德特·苏比劳斯①混淆在一起，也把这附近的阿杜尔河河水和恒河的水汇流为一。

　　第二天，我们经过了环法自行车赛比赛路段的一处山口，即使是开车走这一段爬升的道路，也让人精疲力竭。越过山口以后，我们总算在热得快窒息的天气里抵达卢尔德。约瑟芬开车，我坐在她旁边。被翻得书页折角、书册蓬松的《蛇径》端正地放在车子的后座。从这天早上起，我就不敢去碰那本书，约瑟芬认定我对这本异国传奇小说这么热情，正表示我对她漠不关心。对朝圣者来说，现在正是旺季，城里到处塞满了人。尽管我很有条理地搜遍全城的旅馆，一家家询问还能不能订到房间，可是所得到的回答却都是对我耸耸肩，要不就是对我说"对不起，我们真的很抱歉"，态度依旅馆的等级而定。汗水把衬衫粘在我身上，更糟糕的是，又来了一个坏巫婆盘旋在我和约瑟芬之间，我们又有得吵了。这时候幸好有一间英国旅馆，也许是西班牙旅馆、巴尔干旅馆，或是其他天晓得什么地方的旅馆，旅馆柜台的人告诉我，有客人取消订房，他宣告的口吻就好像是公证人官腔官调地对遗产继承人说，有一位美国叔叔突然死亡。没错，

---

① 据说1858年时，十四岁的伯纳德特于卢尔德附近多次见到圣母玛利亚的影像。此后此地就以圣母显灵闻名于世。

旅馆有一间空房间。我克制自己不要说："这真是神迹。"因为我的直觉告诉我，在卢尔德这地方是不会有人开这种玩笑的。电梯实在足够大，可以容纳好几张大推床，十分钟后，我在洗澡时发现，浴室里也有方便残障者的设备。

约瑟芬在我后面进浴室洗澡，我洗好了出来，只用大毛巾裹着身体，瘫坐在迷你吧台前——这是所有饥渴的人都渴慕的神圣绿洲。我先一口气灌了半瓶矿泉水。哦，瓶子，我一直都感觉得到你玻璃制的细颈扣在我干燥的嘴唇上。然后，我为约瑟芬准备了一杯香槟，也给自己倒了一杯琴东尼。当完服务生以后，我又蹑手蹑脚地翻开书折角的地方，进入查理·索布哈杰的冒险世界。但是香槟酒没有发挥它预期的效力，使约瑟芬安静下来，反而激起她想去观光的旺盛精力。"我要去看圣母玛利亚。"她跳着脚不断地说，就像天主教作家莫理亚克在一张著名照片里的样子。

于是我们就在风雨欲来的阴沉天色下，出发到圣母显灵的地点去，沿路我们看到长长一列轮椅，有许多女义工在后面推着走，显然这些义工不是第一次服务于这些麻痹患者。"要是下雨，大家就进教堂！"只见一位带头的修女手里拿着念珠，修女帽在风中飘，这么高声喊着。我偷偷观察这些病患，这些蜷缩的手，这些紧紧皱着的脸，这些身上驮着重负的生命。其中有一个人和我四目交会，我微微对他一笑，但他的回应却是对我吐舌头。我觉得自己蠢透了，脸红到耳根，就好像做了坏事被逮到。穿着粉红色球鞋、粉红色牛仔裤、粉红色 T 恤的约瑟芬一直往前走，很想到那群黑压压的人中间去。人群里有一位穿着神父袍子的法国神父，他好像和所有的人都有约。当穿着长袍的唱诗班唱起"圣母玛利亚，我们跪在你面前祈求"的时候，约瑟芬恍恍惚惚地差点出了神，因为这是她小时候常唱的圣歌。如果要做个比喻的话，我在这种气氛下的态度，大概就像个不怎么关心足球赛的路人，在欧洲杯足球赛开赛的当天晚上，不经意经过巴黎体育馆附近。

在地下教堂入口处前面的广场上，蜿蜿蜒蜒拉着一排一公里长的队伍，队伍里每个人都齐声念祷着啰里啰唆的圣母经。我从来没见过这么长的等待队伍，也许只在莫斯科的列宁墓前才有这样的景观。

"听着，我可不要排这么长的队！"

"真可惜，"约瑟芬反驳说："对你这种罪人来说，朝圣有很多好处。"

"才怪，对我们这种没有信仰的人来说，搞不好会有危险呢。你想想看，一个健健康康的人要是真碰上了圣母显灵会怎样，哇，遇上奇迹，然后就变成瘫痪了。"

十几个人转过头来看是谁说这么亵渎的话。"无可救药!"约瑟芬气呼呼的。突然下起一阵大雨，转移了注意力。刚开始滴雨的时候，雨伞就如花似的纷纷盛开，闷热的尘土气味飘荡在空气中。

我们被人群推挤着，挤到教皇约翰二十三世的地下教堂里，这个宏伟的祷告会殿是用来作弥撒的，弥撒从早上六点持续到午夜时分，由两三班神职人员轮替。旅游导览里提到，这座混凝土的教堂比罗马圣保罗大教堂还要宽敞，里面可容纳好几架巨无霸喷气式客机。一排排的座椅还有许多空位，我跟在约瑟芬的后面进去坐了，无数个扬声器传出庄严的咏唱，回荡在四周："荣耀天主，在诸天之上……在诸天之上……诸天之上……"神甫扬举圣体的时候，我邻座的那位朝圣者，从背袋里掏出一副看赛马用的双筒望远镜，好看清楚仪式的进行。其他的信徒也都有望远镜应急，望远镜的样式简单，就和七月十四日看国庆游行时用的那种一样。约瑟芬的爸爸曾经跟我说过，他初入社会时，曾经在地下铁的出口卖这一类的东西。他后来成了广播界的名嘴。他发挥小贩招徕顾客的所长，大加描述皇家婚礼、大地震，以及拳击赛。外面雨停了，空气变得清爽。约瑟芬说了一个字："shopping"。为了防范这种事情的发生，我早就选定了一条大马路，那里有很多卖纪念品的商店，可以去摸摸碰碰，就好像东方的阿拉伯市场，有各种奇奇怪怪的和宗教有关的东西。

　　约瑟芬收集很多东西：古老的香水瓶，画着一只牛或是一群牛的乡野画作，东京的日本餐厅橱窗里摆设的食物餐盘样品。总之，每次她去旅行，就会搜寻一些稀奇古怪的笨玩意。对这条商店街，她简直是一见钟情。在左侧通道的第四间商店，凌乱地堆了一堆圣牌、咕咕钟，以及各种盛奶酪的盘子，其中有件东西正等着约瑟芬自己送上门来。那是一件半身塑像，头上有一闪一闪的光环，就像装饰圣诞树的闪灯。

　　"看哪，我的圣母玛利亚！"约瑟芬雀跃不已。

　　"我买下送给你。"我立刻接口，根本没想到老板会向我敲诈，借口说这是唯一的一件。这天晚上，我们在旅馆房间庆祝得到这件宝贝。它闪烁的灯光、圣洁的亮光照耀着我们，天花板上映着我们嘻嘻闹闹的奇幻影像。

　　"嗯，约瑟芬，我觉得我们回巴黎以后最好分手。"

　　"你以为我没有这样的打算吗！"

　　"可是，约……"

　　她睡着了。当事情不如她意的时候，她有个长处，就是能很快地安稳入眠。她能睡个五分钟，或是一睡就好几个小时，避开烦人的状况。我注视着床头上面的墙好一会儿，看着它忽明忽暗。什么样的神灵会使人用橙色的织品来布置整个房间呢？

约瑟芬睡觉的时候，我小心翼翼地穿上衣服，想到外面走走。在夜里游荡，是我最喜欢的活动。我遇事不顺时的化解方法，就是一直走，走到累了为止。有一些荷兰的年轻人当街喧噪，他们手持大啤酒杯，大口大口地灌。他们在大塑料袋上挖洞，做成简便的雨衣。粗重的栅栏挡住了通往地下教堂的入口，但还是可以看得到教堂里好几百根蜡烛的光影，渐渐烛尽光残。过了好一会儿，我游荡的步伐又来到卖纪念品的那条商店街。左侧第四家店，又在同样的位置上摆了个一模一样的圣母玛利亚。于是我走回旅馆。远远的，我就看见我们房间在一片昏暗中闪烁着。我轻声地走上楼梯，小心不扰人美梦。《蛇径》放在我的枕头边，好像珠宝放在珠宝盒里。"哪，查理·索布哈杰，我完全忘记你了！"我喃喃地说。

我认出了约瑟芬的笔迹。一个大大的"J"画在第一百六十八页上。这是约瑟芬留言的第一个字母，整段留言画满了小说的两章，使书完全没办法读了。

我爱你，笨蛋。不要让你的小约瑟芬痛苦。

幸好，这两章我都已经看过了。

我关掉圣母玛利亚闪烁的灯光，天色刚破晓。

窗 帘

我蜷缩在轮椅上，由孩子的妈推着，沿医院的通道前行，我趁这个时候偷偷观察我的两个孩子。如果说，我这个爸爸变得有点像幽魂，那么对照之下，提奥菲和西莉丝特，他们却是如此真实，活蹦乱跳，叽里呱啦地叫。我看着他们，怎么也看不厌，只要看他们走路，我就觉得满足，我注意到他们已经累得小肩膀下垂，却还以坚定的表情掩饰着。提奥菲拿着纸巾，边走边擦从我紧闭的嘴巴渗出来的口水。他的动作有点畏怯，带一点温柔，又带着一点惧怕，好像他面对的是一只不知道会怎么反应的动物。我们一放慢脚步，西莉丝特就过来把我的头抱在她的臂弯里，在我的额头上滋滋亲着，不断地说："这是我爸爸，这是我爸爸。"好像念咒似的。

今天大家在庆祝父亲节。我发病以前，我们都觉得不需要在感情的日历里注记这个牵强的约会，但是今天我们共度了这象征性的节日。无疑，这是为了证明，一个像粗胚一样、像阴影一样、被截成一小截的爸爸，也还是一个爸爸。我一方面很高兴能看到他们活泼、好动、嘻嘻笑笑，或者哭哭啼啼地玩闹好几个小时，一方面又怕让他们来看我这样不堪的处境，对十岁的小男孩和八岁的小女孩来说，实在不是一个恰当的消遣，虽然我们在家里早就说好了，要面对事实，不粉饰太平。

我们在"海滩俱乐部"安顿下来。"海滩俱乐部"是我对这一片沙丘的称呼，在这片开敞的沙丘上有阳光、有清风，管理处的人还费心设置了桌子、椅子、太阳伞，甚至还撒了一些毛茛的种子，让它们在长满杂草的沙丘里生长。介于医院与真实的人生之间，还好海滩有这个纾解压力的处所，我们可以在这里幻想，好心的仙女会把所有的轮椅变成风帆。"你要不要来个吊死鬼？"①提奥菲问，我说我很愿

---

① "吊死鬼"是法国小孩常玩的一种猜单词的游戏，每猜错一次，就在旁边纸页上画一笔，错误选积多次以后，这一笔一笔的会连成吊架、吊绳、吊死鬼的图案。

意。要不是我眨眼睛的沟通方式，使我没有办法幽默地回答，嘲笑一下自己，我真想说我当瘫痪者就够了。当一句话要花好几分钟的时间才拼得出来，原本的风趣俏皮就会变得迟缓笨重，变得平淡无趣。好不容易拼好了一个句子，到头来却连自己也忘了刚刚的趣味在哪里，不懂自己干吗要这么辛苦地一个个字母把话拼出来。所以使用这一套沟通方式的规则是，不要不识相地自以为风趣。但没有了机智应答，对话就再也没有闪闪发亮的银色浪花，人们抛出去的字句好像回力球撞在墙上，硬邦邦的。而且我认为，这样被剥夺了幽默感，有碍我的健康。

总之，我们开始玩吊死鬼，这是全法国七年级的小朋友都在玩的游戏。我猜中了一个字母，又猜中另一个，接着又垫上第三个字母。其实，我有点心不在焉。突然，一股恐惧向我漫泛而来。提奥菲，我的儿子，乖乖坐在那里，他的脸离我的脸只有五十厘米。而我，他的爸爸，连最简单的动作都做不到，不能用手摸摸他浓密的头发，拈拈他脖子后面柔软的细毛，紧紧抱着他滑腻、温热的小身躯。要怎么表达这些感受呢？我的处境就是这么畸形残酷、这么没有天理公道、这么肮脏卑琐、这么凄惨恐怖吗？突然，我精疲力竭。泪，潸然而下，我的喉咙一阵痉挛，粗声咳嗽起来，让提奥菲吓了一跳。别怕，我的好孩子，我爱你。还专注在吊死鬼游戏中的他，完成了他的部分。还有两个字母，他赢了，我输了。在纸页的一角，他画好了绞刑台、吊绳，和要被吊死的人。

西莉丝特在沙滩上翻筋斗。我不知道这是不是出于一种补偿心理，但自从我像举重选手似的做抬眼皮的动作，她就变成了特技演员。她练习旋转跳跃、下腰、连滚翻，而且像猫一样从危险的高度轻巧地跳下来。她为自己未来的生涯，列了一串长长的名单，其中甚至包括走钢丝的特技演员这一项，就列在学校老师、顶尖模特儿和园艺家的后面。她在海滩上表演单脚旋转，赢得了"海滩俱乐部"围观民众的喝彩，接着我们这位表演新秀又推出了歌唱节目。而相对的，一向讨厌自己做的事会引起人家注意的哥哥提奥菲，却显得很沮丧。他的保守、害羞正好和他妹妹的爱表现成对比。有一次我到他们学校，主动请求校方让我敲响开学的钟声，校方也让我这么做了，但这件事情却让他对我深恶痛绝。没有人敢讲提奥菲会不会活得快乐，但他以后大概还是低调行事。

我想不通，西莉丝特怎么会这么多六十年代的老歌。强尼·哈利代、塞尔薇·瓦丹、希拉、克罗-克罗、法兰丝娃·阿尔蒂，那个黄金年代的每位歌手她都没有漏掉。除了这些大家耳熟能详的流行歌曲，这些三十年来一直在我们耳际回响的系列经典以外，西莉丝特也会唱几首曾经轰动一时、后来却被遗忘了的歌曲，这些歌曲就像飞机在记忆的云端拖着一条白白的尾巴。我十二岁那年，常常一而再、再而三地在老唱机上播放克劳德·法兰沙四十五转的唱片，但是从那以后我就没有再听过《我可怜的小富家女》这首歌。然而，一听到西莉丝特走调地哼着这首老掉牙的曲子开头几小节，我没想到我竟然还清清楚楚记得每个音符、每个乐句、每个合音，以及伴奏曲子的细节，一直到浪花拍岸的声音盖过了曲声。我又看见了唱片封套、歌手的照片，他的条纹衬衫、活动领子，那时候穿这样的衣服对我来说是遥不可及的梦想，因为我妈妈觉得那样穿很像流氓。我甚至还看到了我买这张唱片的那个礼拜四下午，唱片是向爸爸的一位表亲买的，他长得高大温和，在巴黎北站的地下层开了一家小小的店铺，嘴角永远叼着黄色的茨冈牌香烟。"孤孤单单一个人在海滩上，可怜的小富家女……"时间过去了，人一一不见了。妈妈是第一个去世的，然后是克罗-克罗触电而亡，然后是高大温和的表亲，他的店铺经营不善，死了以后只留下一大家子伤心的小孩和动物。现在我的衣橱里装满了活动领子的衬衫，我想那家小唱片行现在已经变成一家巧克力店。开往贝尔克的火车是从北站发车的，我想，也许有一天请人经过那里时，去看看那个地方。

"太棒了，西莉丝特！"希尔薇大声赞赏。"妈，我受不了了！"提奥菲立刻抱怨。五点了。平常听起来觉得亲切悦耳的钟声，现在听在我耳里却有如丧钟，宣告着分离时刻的到来。风吹得尘土飞扬。潮水已经退到很远的地方，游泳的人看起来只是天际的一个个小黑点。两个孩子在上路之前，在沙滩上让麻木的四肢恢复正常。希尔薇和我，安安静静的，她的手握着我麻痹的指头。她的黑眼镜映照着纯净的天色，在眼镜后面，她泪眼低垂，为了我们被炸开成伤的人生。

我们又回到病房，作临别前最后一次的感情交会。"老爸，你还好吧？"提奥菲关心地问。这位老爸喉咙紧紧哽着，双手起了晒斑，尾椎骨因为坐太久轮椅而酸痛，但他还是过了非常美好的一天。你们呢，孩子，到我荒凉无边的孤独中来游历，会在你们心里留下什么印记呢？大家都走了。车子往巴黎飞驰。西莉丝特带来的那张画，立刻被贴在墙上，我端详着那张画，陷入沉思。那画的是一只双头鱼，有蓝色的睫毛、彩色的鳞片。不过，这张画有趣的地方不在这些细节，而在于它的外形轮廓呈 ∞ 状，是数学中代表"无限"的符号，惶惶地令人不安。阳光大把大把地从窗外射进来，这时候的太阳正好会照到我的床头。临别时的感伤气氛，让

我忘了请他们把窗帘拉上。没关系，在世界末日来临之前，
总会有个护士来的。

巴　黎

　　我离开了。很慢，但是很明确。就像水手出海以后，回头看他扬帆而去的地方逐渐朦胧，我也感觉到我的过往逐渐褪去。我过往的人生在我身上还有余火燃烧，但是已经逐渐化为回忆的灰烬。

　　自从在潜水钟里茧居以后，我还是去了两趟巴黎，为了求医而短暂停留几天，听取医学界顶尖专家的会诊意见。第一次，救护车恰巧经过我以前上班的那栋现代化大楼（我就是在那栋大楼里"犯下"著名女性杂志总编辑的"罪行"），看到熟悉的景象，我的情绪很激动。我是先认出隔壁那栋六十年代的老建筑物——那栋建筑的墙上有一块牌子标示着要拆毁——然后我才认出我们大楼的铝帷幕墙，墙上映照着飞机和云朵。在大楼前广场，有几张熟悉的面孔，是我在那里上班十年来每天会见到的，却从来没跟他们说过一句话的人。我转动我的头，想看看在那位梳着发髻的太太后面，和那位穿着灰色衬衫的壮汉后面，会不会有一张我更熟悉的脸孔经过。然而事与愿违。也许会有人从五楼的办公室看到我搭的车子经过吧？看到了附近兼卖香烟的小餐馆，我忍不住流下眼泪，那是我偶尔会去吃每日特餐的店家。我的眼泪偷偷地流，没有人知道，别人只会以为是我的眼睛渗出眼液。

　　第二次到巴黎，是四个月以后，我几乎变得冷淡。街道装点成七月的灿烂风景，但是对我来说，冬天一直都在，街道成了电影拍摄的背景，我被投影在救护车的后玻璃窗上。在电影里这叫作"溶"：主角坐的车子逐渐从马路上淡出，马路不断地在摄影棚的墙上卷动。希区柯克有很多电影都借用了这种尚未成熟的拍摄技巧，别有一种诗意的效果。我穿越巴黎而行，巴黎根本不在乎我。然而，一切都如原样：穿花布衫的清洁女工，穿轮鞋的青少年；公共汽车呼啸而过的声音；骑机车的骑士说着脏话；歌剧院广场前推出了达菲的画。树木抢攻大楼的楼面，蓝天上有一点云絮。一切都如原样，除了我。我在他方。

植物人

"到六月八日，我新的人生就满半年了。你们的信积在柜子里，你们的画贴在墙上，因为我无法一一回信，所以我就想把我每天的生活、我的进展，以及我的希望写下来，在众人之间公开。刚开始的时候，我一心认为不会有事的。从深度昏迷，回复到意识模糊的那段时间，我以为很快就能回到巴黎的红尘中，顶多就是两肋撑着拐杖。"

春末，我决定要发信给我的朋友，以及和我有往来的人，以上就是我从贝尔克寄出的第一封信的头一段。这封信寄给了六十个人，掀起了一些骚动，多少也修补了谣言的中伤。大都市是一只有一百张嘴、一千只耳朵的怪物，一无所知，却无所不说，它早就决定要给我点颜色瞧瞧。小花咖啡厅是故作风雅人士的大本营，每个人在那里好像游走的鸽子一样咕噜噜地说长道短，我有几个亲近的朋友就曾经在那里听到风言风语，那些对话就好像贪婪的秃鹫盘绕着一只开膛剖腹的羚羊。"你知道 B 先生变成植物人了吗?"其中一个人说。"嗯，我也听说了。植物人，是啊，变成了植物人。""植物人"这个词在这些预言者的口腔里大概逐渐嚼得出甜味了，因为它在这两张塞满韦尔斯奶酪面包的嘴巴里已经出现好几次。他们讲话的声调明明白白地暗示着，只有呆瓜才会不知道我已经被划归蔬菜类，从此和人类不再是同一伙。现在是太平时期，不能枪杀散播错误消息的人。我只能靠我自己来证明，我的智力要比这些另一种形式的蔬菜来得高。

所以，这就是我想要对大家公开书信往来的原因，一个月又一个月的信件去去回回，使我和我所爱的人有联系。我骄傲的自尊心稍稍可以端得起来。除了几位顽固人士还执拗地沉默着以外，所有的人都知道可以和我在潜水钟里相会，虽然有时候我的潜水钟会把我带到不为人知的荒界去。

我收到很多很多的来信。拆信、摊开信纸、一一把信陈示在我眼前，随着时间的推移，逐渐形成一种典礼，使得信件的纷至沓来成为庄严、静默的仪式。每一封信我都自己仔仔细细地读。有些信笔调深沉。信里，有提到人生意义的，提到灵魂高洁、每个生命无不充满奥秘。而且，有一项很有意思的转变：反而是一些和我交情不深的人，喜欢探讨生命本质的问题。他们略显轻浮的外表掩饰了深沉的一面。我以前是瞎了、聋了？还是一定要在悲惨事件的光照下，才能以正确的角度显出一个人的光辉?

有些信述说着生活里简单的小事，标示了时间的流逝。诸如在晨曦中采撷玫瑰、下雨的礼拜天慵懒度日、小孩在临睡前哭了……攫住这些活生生的景象、人生片段的取样，这种幸福比什么都让我感动。不管来信是三行或是八页，也不管它从远方日出之地寄来的，或是从巴黎市郊的小城镇"勒瓦卢尔-佩雷"寄来的，这些信件于我如同珍宝。有一天我要把它们一张一张接起来，串成一串，绵延几公里，飘荡在风中，像是显耀友谊的小旗帜。

这会赶走那些秃鹫的。

散 步

　　热得难受，我很想要出去。已经好几个礼拜，也许好几个月，我都没有离开医院的范围，到沿海的开阔台地去散步了。上一次去是冬天。刺骨寒风把海沙吹卷如云，只有很少几个游荡的人包裹着厚重的大衣，迎着风斜斜走在厚软的沙滩上。今天，我好想看看贝尔克夏天的景致，听说我常去的那个人迹罕至的沙滩，现在人潮拥挤，到处可见七月的懒散人群。要到离开索雷尔的那条信道，必须先穿越三个停车场；停车场上粗糙的路面，对我的屁股是严苛的考验。我忘记了沿路闲逛要具备战斗精神，要和阴沟盖，和坑洞，和停放在走道上的汽车力拼一番。

海边到了。太阳伞，风帆，和防护泳客安全的围栏，构成了一张风景明信片。这是假期中的海滨，像柔嫩、听话的乖小孩。从医院的露台就可以看见这个钢色的无垠空间，这空间真是无与伦比。所见的仍然是同样的波峰，同样的波谷，同样雾气迷蒙的天际线。

我们在开阔的台地上挺着红彤彤的大腿，像冰淇淋甜筒一样来来去去。一个被太阳晒得炙红的孩子，我想象我舔着他，就像舔着一球香草冰淇淋。没什么人注意我。在贝尔克，轮椅一点也不稀奇，就像法拉利在蒙特卡罗也很稀松平常，这里到处都遇得到像我这样的可怜人，瘫痪了的、频频咳个不停的。这天下午，有克萝德和碧丝陪我。我认识克萝德才十五天，认识碧丝二十五年，听我的老伙伴向这位每天来听写我的书的年轻女孩描述我这个人，那种感觉很奇怪。她提到我脾气暴躁、我对书热情、我爱好美食不加节制、我有辆红色敞篷车——这一切都成了过去。别人说我是个讲故事的高手，会挖掘失落世界的传奇。"我不知道你是这样的人。"克萝德说。我的世界从此一分为二：以前认识我的，以及以前不认识我的。他们会怎么想我这个人呢？在病房里，连一张我的照片也没有，没办法拿给别人看。

我们来到了一座台阶的上方，这座开敞的台阶上下通到海滩酒吧间，和一列排开的粉彩色美丽更衣室。这台阶让我想起了巴黎"奥多伊门"地铁车站的入口，我还是孩子的时候，每次游完泳，撑着被氯弄红的眼睛回家，都会走这一段台阶。那附近的那个莫里多游泳池已经拆掉好多年了。台阶，现在对我来说，无异于死胡同。

"你要回去了吧?"碧丝问。我使尽力气摇晃我的头，表示反对。去我们真正的目的地，应该要往后转。我们远远地从老式旋转木马的旁边经过，它手风琴的音乐声，一直在我耳中缠扭不去。我们和方吉欧擦身而过，方吉欧是绰号，大家都这么叫他，他是医院的一大奇观。方吉欧没办法坐，一直要像正义一样直挺挺地不歪不斜。所以他不是站着，就是躺着，移动的时候，就肚子朝下地躺在推床上，自己操控推床。他移动的速度快得惊人，老是一边大喊："小心，方吉欧来了!"一边从人群中剪开一条路。但是这个迅速位移的大黑影，究竟是个什么样的人，我完全不了解。

终于，我们走到了这一趟行程的最尽头——海滩沙地最远的角落。我想走遍这整个区域，不是为了发掘前所未见的新奇景象，而是为了好好嗅一嗅海滨浴场旁边一个简陋的木板棚子所散发的气息。我们在风中伫留，嗅着败坏难闻的气味，那像是死人有的那种极端无可忍受的、令人晕眩的味道。我的鼻子因愉悦而颤抖。"哦啦啦!"我背面有一个声音说:"是剩菜馊掉了的味道。"

　　而我,我一点也闻不厌这种下油锅的绝望气味。

二十比一

好啦。我想起了马的名字。它叫作"太阳神密特拉的坐骑"。

文森现在应该到了阿比维尔。要是开车从巴黎来，这时候就会开始觉得路途遥远。经过车子稀少的快速公路，转道开上两车道的超高速国道，就会塞在长长的车阵里，汽车和卡车大排长龙。

这是十年前的往事了。文森和我，还有其他几个人，有个难得的机会主持一份日报（现在已经停刊了）。一位对报业很有热情的工业界人士，非常有胆量地把他还在襁褓中的一份报纸，托付给当时巴黎最年轻的团队。而在那个时候，已经有人暗中筹划一项阴谋，并且结合金融的力量来扳倒他，抢去他在五六年前办的一份报纸。在打这场混战的时候，他把他最后几张名片给了我们这些不明就里的人。我们用了十倍的精力努力工作。

文森现在来到了交叉路口，他不会走左边那条通往鲁昂和克鲁妥的路，而会取道羊肠小道，途经一个又一个居民不多的小村落，往贝尔克的方向来。很多不熟悉路况的人都会在这个交叉路口迷路。但是文森不会，他已经来看过我很多次。除了靠方向感，他还凭着一份义气，而且是一份发挥到极致的义气。

我们那时候一直是没日没夜地工作。早上很早到，晚上很晚走，礼拜六也上班，半夜有时也不下班。五个人五双手超时超量地工作，却莫名地快乐。文森每个礼拜都提出十个重要的点子：其中三个很棒，五个还不错，两个有点不像样。我的角色有点像强迫他作筛选，避免以他那没耐心的个性，会一下子就想把所有突发奇想的点子，通通做出来看看会是什么结果，也不管这些点子是好是坏。

我远在医院就听到他在路上气得猛捶方向盘，破口大骂桥梁公路工程局。再过两年，高速公路才会通到贝尔克，目前，这里还在施工，车行速度缓慢，常常塞在车阵中动弹不得。

事实上，我们两个人寸步不离。我们一起生活，一起吃饭，一起睡觉，一起去爱，一起去做梦，完完全全都是为了报纸。是谁提议那天下午去赌马的？那是冬天一个美丽的礼拜天，晴朗、寒冷、干燥，我们匆匆赶到巴黎市郊的万森森林。我们两个人都不是喜欢赌马的人，但是赛马专栏的报导工作，已经足以使我们移樽到赛马场附近的餐厅吃饭，而且握有芝麻开门的暗语，能够开启赌马世界的神秘之门：我们有内线消息，知道哪匹马会获胜。听说，"太阳神密特拉的坐骑"那匹马是一流的，有票房保证。这匹马的赌金是二十比一，压对宝的话，会让荷包饱饱，这比利息不多的保守投资更有赚头。

　　文森已经开到了贝尔克的市界，他和所有来看我的访客一样，都会有那么一会儿，惶惶然地问自己干吗到这里来。

　　我们在一间可以俯瞰整个赛马场的餐厅用餐，吃得很愉快。在这间宽敞的餐厅里，有一伙一伙聚在一起的痞子穿着假日服装，还有皮条客、没有居留身份的黑户，以及一些小混混，他们都被吸引到马匹奔驰的世界来。酒足饭饱后，我们贪婪地抽着长长的烟，等待第四回合的比赛，我们处身在这诸多罪行如兰花般绽放的炽烈气氛中等待着。

　　文森来到海滨林荫道，转向朝着开阔台地去，海边的戏水人潮，抹去了他对冬天的贝尔克冰冷荒凉的记忆。

我们在餐厅里消磨了太久，根本没有留意到赛马已经开跑。我还来不及从口袋里掏出报社同仁托我的一叠纸钞，下注的窗口就当着我的面关闭了。尽管我们很保密，"太阳神密特拉的坐骑"名字早就在报纸上传开，本来只是一匹获胜机会不大的冷门马，一炒作就变成了人人都想压宝的神驹。现在能做的就只是看比赛，心里抱着希望……拐过最后一个弯道以后，"太阳神密特拉的坐骑"开始大幅领先。冲刺时，它超前了五个马身，我们看着它冲过终点线，像梦一样不可思议的，把紧随在后的第二匹马远远抛在四十米外，飞得跟飞机一样快。在报社，大概每个人都在电视机前热烈欢呼。

文森的车子开进了医院的停车场。太阳当空照耀。对访客来说，走最后这几米总不免喉咙发紧，必须要鼓起十足的勇气。这一小段路会经过一道自动开启的玻璃门、七号电梯，通往——九号病房狭窄可怕的过道；最后这几米正是我和世界之间的分隔。从许多扇微微开启的门，会瞥见横陈在床上的病人、卧床不起的病人，被命运丢弃在生命的边境。有些访客看到这些景象会喘不过气来。他们进我的病房之前都会先镇定一会儿，然后才带着最坚定的声音，和比较不那么迷蒙的眼睛出现在我面前。他们好不容易进到我的病房，实在很像是憋气憋了很久的潜水者终于接触到空气。我甚至知道有些人来到我病房门口又立刻折返巴黎，他们的气力在门槛前就耗尽了。

文森敲门，安安静静地进来。我已经很习惯去注意别人的眼神，看那眼神里仿佛透露出那么一点惊慌的神色。或者我应该说，这些眼神不会再让我那么恐惧了。我用我因为瘫痪而萎缩的表情，努力在脸上摆出一个欢迎的微笑。文森对我这一副鬼脸，报以一个吻，亲在额头上。他一点都没有变。他棕色的头发，他沉着的脸，他矮胖的外形，以及习惯性地交互蹦跳的两只脚，使他整个人看起来就好像是韦尔斯的工会主席前来探望在瓦斯爆炸中受伤的工人。他稍微卸下了心理防卫，像个重轻量级的拳击手一样走近前来。在"太阳神密特拉的坐骑"扬威的那天，获胜的马匹"要命的"进场时，他只说了一句话："笨蛋。我们真是笨蛋。回报社他们一定摆脸色给我们看。"这是他最喜欢的表达方式。

老实说，我已经忘了"太阳神密特拉的坐骑"。这件事是我记忆中突然涌现的一个回忆，其中还包藏着双重的痛苦痕迹——对于消逝的过往的乡愁，尤其是对没有把握住机会的愧疚。"太阳神密特拉的坐骑"，就像我们不懂得去爱的女人、我们没有好好把握住的机会、我们让它溜走的幸福。今天我觉得我所有的存在都只是这一连串受挫的记录。我们事先都知道赛马结果，但是我们都没有能力去赢。对啦，顺便一提，我们后来把所有的赌金都还给了同事。

打野鸭

　　除了"闭锁症候群"本来就有的种种不舒服以外，我的耳朵还要忍受严重的噪音干扰。我右边的耳朵，是泥沙淤积的葡萄牙形状之物，而左边的耳朵，耳咽管扩大，使得从两米半以外传来的声音都会变调。当飞机拉着长长的广告白布条飞过沙滩，为地方公园所举办的游艺会作宣传的时候，我以为有人在我的耳膜里磨咖啡豆。但这些噪音只是短暂过渡的声音。虽然我一直努力要大家对我听觉上的困扰多多体谅关照，但总有人会忘了帮我关上门，让恼人的噪音不断从走廊漫进来。高跟鞋踩在亚麻地毯上的咯咯声，推床相撞的金属声，交叠的谈话声，以及一伙人互相叫来唤去的、像是证券交易所的职员在办交割的叫唤声，还有放送到各处去没有人听的广播声。而在这些嘈杂之上，更有一个声音高高地压过这一切，一台打蜡机嗡嗡鸣响的声音，不由得让人猜想，在地狱也不过就是这个滋味。也有几位病人很可怕。我知道有的病人唯一的乐趣，是每天听同一卷录音带。我隔壁曾经住了一个小病人，有人送他一只绒毛鸭子，鸭子里面装了一个八音盒。只要有人进病房，他就会播放那刺耳的音乐，也就是说一天要播个八十回。当我正准备执行灭鸭计划的时候，这位小病人高高兴兴地出院回家了。不过我还是把这个计划夹在我的腋下，很难讲什么时候又有哪个泪水汪汪的家庭再来这么一遭。获颁"最夸张病人奖"的病人，应属一位因为深度昏迷而大脑受损的女病人。她咬过好几个护士，用手抓过好几位男性看护工的下体，她每要一杯水就大喊"火灾"。刚开始的时候，这个假警报会使整个医院进入备战状态，然后，打仗打累了，大家就任由她不分日夜地扯着喉咙大吼大叫。她这些古怪的表现使我们的精神科有一点"杜鹃窝"的气氛，很够刺激，而要是有人动我们这位女朋友，使得她大喊："救命啊，有人要谋杀我！"我还是会为她哀悼的。

当喧哗止息、宁静回返的时候，我听见了蝴蝶飞过我脑海的声音。必须非常专心才能听见这声音，甚至要凝神静思，因为蝴蝶翕动翅膀几乎是无法感知的。稍微用力一点呼吸就可能掩盖了它鼓翅的声音。然而有件事很奇怪。我的听觉并没有改善，但这声音却听得越来越真切。我耳朵里是有很多蝴蝶的吧。

礼拜天

　　透过窗户，我看见了赭石色的砖墙在太阳第一道光线的
照耀下变得畅亮。砖块和小学四年级时读的希腊文法课本一
样，都是殷红色调。当时我希腊文的成绩并不出色，离好学
生还差得远，但是我喜欢这个温暖、深沉的色调，它使我愿
意勤勉地读书，为我开启了另一个世界，接触到雅典政治家
亚西比德的狗，以及和波斯人在温泉关激战的希腊英雄。卖
颜料的商人把这种颜色叫作"古红色"。这颜色和医院走廊
上创可贴似的粉红色一点也不像，更和我病房里踢脚板和窗
框所漆的淡紫色扯不上任何关系。这两种颜色看起来有点像
廉价香水的包装。

是礼拜天了。要是这一天，很不幸地没有任何访客来看我，没有任何事情来打破我接连几个小时的无精打采，这就会是个可怕的礼拜天。没有物理治疗师，没有语音矫正师，没有心理医师。整个沙漠只有一个绿洲：洗一个比平时更简略的澡。在礼拜天这一天，值班的人因为礼拜六晚上喝酒夜归，再加上假日不能和家人去野餐，也不能练习射击，或者是去抓虾，从而引发了愁绪，使他们变得死板、僵硬、迟钝，所以帮我洗手洗脚，就比较像是肢解牲畜、淘洗内脏，而不像是水疗法。用三倍剂量的上等香水也无法掩盖事实：我太臭了。

是礼拜天了。这一天，看电视一定不能选错频道。选频道需要高度的战略技巧。如果没有善心人士来帮我转台，选错频道可能会让我虚度三四个小时，而且有时候，如果一个还不错的节目，后面会接着播出哭哭啼啼的连续剧、无聊无趣的猜谜节目，或是喧闹嘈杂的脱口秀，那么我宁可放弃前面那个节目。我的耳朵受不了响亮爆发的鼓掌声。我比较喜欢安安静静谈论艺术、讲述历史，或是介绍动物的节目。看电视，我只端详着电视，就好像注视壁炉里的火，听不见旁白解说。

是礼拜天了。钟声重重地敲击时间。墙上挂着公共救济事业局的小日历，每天翻着翻着，才赫然发现已经八月了。

是什么原因，一向在这里凝止不动的时间，竟一反常态地加速快跑？在我日渐狭窄的世界里，几个小时的时间慢如蜗牛，几个月的时间却迅如闪电。我不相信现在已经八月了。我的朋友、我亲爱的女人、我的孩子都在假期的风中四处散逸。我靠着想象力，悄悄来到他们夏日的野营地，虽然跟着跑这一趟让我心头微微疼痛，但我不在意。在布列塔尼，一群孩子骑着脚踏车从市场回来。每张脸上都有灿烂的笑容。其中几个孩子早就到了忧思满怀的青春期，但是在这条种满杜鹃花的路上，每个人都找到了他遗落的无邪天真。这天下午，他们坐小船环绕小岛一周。小小马达顶着水流，啪啪作响。有人在船头直直平躺，闭着眼睛，一只手垂放到凉凉的水中。在法国南部，炙热的阳光压着屋顶，孩子们躲在屋子里阴凉处。有人在一张张画纸上写生，涂满水彩。一只猫，脚受了伤，在本堂神父的花园找一个阴暗的角落躲藏。在更远的地方，在卡马尔格，有一群小牛远远地绕过沼泽，沼泽里散发出第一道茴香酒的香气。四处都有人为了家庭大团聚，加紧进行准备工作，所有做妈妈的对这种事早就疲烦得打呵欠，但是对我来说，这别有一种仪式的味道——被遗忘的神奇仪式：午餐。

是礼拜天了。我仔细观察堆放在窗边的书，看似一个小小图书馆，却没有什么用处，因为今天没有人念书给我听。

赛内克、左拉、夏多布里昂、梵乐希、拉堡都近在咫尺，却很残酷地碰也碰不到。一只黑色的苍蝇歇在我的鼻头。我把头扭来扭去，想把它甩掉。它却紧抓着不放。在奥林匹克运动会看到的希腊-罗马式摔跤都没有这么惨烈。

是礼拜天了。

香港小姐

　　我很喜欢旅行。还好，多年的旅行经验使我累积了足够的影像、氛围和感觉，所以在贝尔克天色灰暗，被禁足不得出门的时候，我还可以有个去处避开这里。这是种奇异的飘游。纽约酒吧的腐旧味道。仰光市场上的贫苦气息。天涯的尽头。圣彼得堡风雪冰寒无眠的夜，或是内华达的沙漠里烈焰难挡的太阳。这个星期的旅程有一点特别。每天清晨，我都远足到香港，香港是我的杂志召开国际编辑会议的地方。我还是说"我的杂志"，虽然这种说法并不恰当，但是这个所有格代名词就像是一条绳子——无数条绳子中的一条，把我和这个转动的世界绾在一起。

在香港，找路对我有点困难，不像我在其他城市总能行走自如，因为我从来没有去过香港。每次一有机会去，命运就会鬼使神差地把我推离这个目的地。不是出发前突然病倒，就是临时找不到护照，或是冒出一篇报道把我召到另一片天空去。总之，意外状况使我一直无法成行。有一次，我把我的机票让给了尚·保罗·K——那时候他还没有遇上被囚禁于贝鲁特黑牢的事，他后来说他在被囚禁的期间，常背诵波尔多葡萄酒的产区，以免自己发疯。他从香港回来以后，带了一个大哥大给我，当时，这玩意儿是会让人尖叫的时髦事物。我还记得，他把大哥大递给我的时候，他的眼睛在圆圆的眼镜后面笑着。我很喜欢尚·保罗，但是他成了巴勒斯坦游击组织的人质以后，我就一直没再见到他。那个时期，相较于他以生命来护卫自己职业的尊严，我对我自己选择在流行虚浮的世界钻营无用的事物，深深觉得羞愧。现在，是我被囚禁，而他成了自由人。因为我对梅多克的酒窖所知有限，所以我必须找其他的连祷文，来填满空洞时光。我数算我编辑的杂志在哪些国家出版，已经有二十八个地区发行这一份杂志。

噢，对了，我亲爱的女同事，你们在哪里？你们就像法国流行风的女大使，辛勤不倦地工作。每天在旅馆的会议厅听取各种提问，试着以中文、英文、泰文、葡萄牙文、捷克文回答这个最形而上的问题：哪个女人最能代表 ELLE？我想象这时候你们散布在香港的各个角落，走过流淌着霓虹灯的街道，走过一家家卖小型电子计算器的店、卖汤碗的店，亦步亦趋地踩着我们总裁的脚踪，为了工作穿街过巷。一半像具有危险精神的漫画人物斯皮鲁，一半像威严十足的政治首脑波拿巴，我们总裁会在最高的摩天大楼前停下脚步，胆气十足地打量它，那神情就好像他要吞吃了这些高楼一样。

我们去哪里，我的总裁？我们要跳上开往澳门的快艇，在那里的赌桌上供奉一点钱财，还是到半岛酒店的菲利克斯吧台坐坐？一股自恋的冲动促使我选择了后者。半岛酒店的吧台是法国设计师菲利普·S 设计的，那里摆放了一张我的照片。我是一个很不喜欢拍照的人，可是在这间豪华的小酒馆里，我和十几张巴黎人的脸孔一起，都被设计在椅背上。这些人的照片都是菲利普·S 拍的。我的照片才拍好没几个星期，命运就把我改造成吓唬麻雀的稻草人。我不知道我的椅子是不是比放其他人照片的椅子还受欢迎，但是请不要告诉吧台的服务生，我后来出了什么事。他们是很迷信的。而且一旦泄漏了，就不会再有穿着迷你裙的妩媚中国女子坐在我上面。

留　言

　　要是医院里我所在的角落，有那么一点昂贵的英国私立学校的样子，那么咖啡厅里的那几位常客就不会被看作是"消逝诗人协会"的成员。女孩们眼神冷酷，男孩们文身，有时手上还戴了好几只戒指。他们坐着轮椅聚在一起，谈论斗殴和摩托车，一根烟接着一根烟地抽。每个人弯驼的肩上似乎都扛着十字架，身后残酷的命运拖着苦刑。对他们来说，贝尔克是一个人生的转折点，不过是从受虐的童年，转折到没有职业生涯的未来。当我绕行他们熏黑的神秘洞穴，他们会态度谨慎地沉默下来，但是我从他们的眼神里看得出来没有怜悯，没有同情。

从咖啡厅开敞的窗户，传来医院的铜心颤动的声音，铜钟每一个小时使蓝天振动四次。有一张桌子，上面堆满了空杯子，旁边摆着一台小型打字机，滚轴里有一张粉红色的纸。虽然目前这张纸还是空白，我相信总有一天会有人留言给我。

　　我在等。

在葛雷凡蜡像馆

　　这天晚上我在梦中造访了葛雷凡蜡像馆。它变了很多，但入口处还是保留了拿破仑三世时期的风格，还有恐怖屋，以及那几面让人变形的哈哈镜，不过当代名人陈列室已经撤掉了。在第一间展览厅里，我一下子还认不出那些人形蜡像。这些蜡像都穿着平常上街的服装，要是我运用想象帮他们换上白色罩衫，一个个细看他们的模样，就会发现穿 T 恤在马路上游荡的人、穿迷你裙的女孩们、推着小推车定住不动的清洁女工、戴安全帽的摩托车骑士，这些男男女女原来都是从早到晚绕着我床边转的护士和看护工。所有的人都在这里，冻结在蜡像里，温和的、粗暴的、敏感的、冷漠的、积极的、怠惰的，其中有些人你可以和他建立关系，有些人，你在他手中，只不过是许多病人中的一个。

刚开始的时候，有些人吓坏我了。我只把他们看作是看守我坐牢的塞伯拉斯地狱守护犬、阴谋陷我于灾病的共犯。后来，我痛恨那些扭痛我的手臂把我放到轮椅上的人，整夜把我搁在电视机前就忘了我的人，让我姿势很不舒服、我抗议也不理我的人。有那么几分钟，或是几小时的时间，我真恨不得杀了他们。最后，时间把我暴烈的怒气消蚀了大半，我也比较习惯他们的态度，好歹他们也履行了他们的职务：当十字架压得我的肩膀疼痛难当时，他们帮我把十字架稍稍抬高了一些。

我为他们取了好玩的绰号，只有我自己知道。他们一进我的病房，我就会暗暗地叫他们："嗨，蓝眼睛！""你好啊，大鸟！"他们当然都被蒙在鼓里。那位老是在我的床边跳舞，还摆出摇滚歌手的姿势问我"你怎么样啦?"的，是戴维·鲍伊。孩子头、灰白头发，还装出一副严肃模样的是老学究，他老是用同样一句判决语，说："到目前为止还好嘛！"蓝波和魔鬼终结者，正如你所料，他们都不是什么温柔的角色。这之中我最喜欢温度计，她很尽责，是个好榜样，只是她常常忘记拿走夹在我的胳肢窝里的温度计。

葛雷凡蜡像馆的雕塑师在表现北方人圆乎乎胖嘟嘟的小

脸蛋时，并不是都很成功。这些人在北方，在欧帕海岸的风和皮卡第肥沃的土壤间，已经住了好几代，他们自己人聚在一起，很自然地就会立刻用方言交谈。有些蜡像的面容非常相似。雕塑人物，大概要有中世纪细密画家的特殊禀赋，在笔端沾带魔法来描摹法兰德斯的街头人群，才能使作品栩栩如生。我们这里这位雕塑家缺乏这项天赋。然而，他还是为青嫩的女孩雕塑了浑圆的手臂，在她们丰满的脸颊上抹上胭脂红晕，把小护士青春灿烂、天真无邪的魅力点出来了。离开了展览厅，我告诉我自己，我好爱这些人，所有这些为我执行死刑的刽子手。

在旁边另一间展览厅里，竟然有一间病房，就和我在海军医院的病房一模一样。其实，只要走近前去看，就会发现墙上的照片、画片和海报，都是用碎花布拼缀起来的，隔着几步之遥看，有那么几分印象派作品的味道。一束昏黄黯淡的光打在病床上，床上没有病人，只有黄色被单上有个凹陷的痕迹。在病床与病床间的过道，有一些人散置在空落落的床边。这些人我都认得，他们就是在我发病后自动绕到我旁边来的守护者。

米歇尔坐在凳子上，尽责地在笔记本上写字，我的访客都会在这笔记本里记下我的话。安·玛丽正在插那四十朵玫瑰花。贝尔纳一只手拿着一本翻开的书——保罗·莫兰的

《大使馆随员的日记》，另一只手摆出律师雄辩滔滔的姿势。鼻头上架着金丝边眼镜的他，活像一个职业辩护师。芙罗兰把孩子的画钉在软木板上，她有乌黑的头发，脸上还有忧郁的微笑。派崔克背靠着墙，仿佛迷失在思索中。这些景象感觉如此真实，有一种温柔甜美的气息、有一种共同承担的悲抑，和一种逐渐积累的沉重情绪，每当这些朋友来到我身边，这种种的感受就会涌现。

我还要在蜡像馆里继续漫游，看看是不是还有其他惊喜，但是在一条阴暗的过道里，有个守卫拿着火炬直冲着我的脸。我眨了一下眼睛。一惊醒，发现有个小护士，她圆圆的手臂拿着手电筒，弯着腰对我说："你的安眠药，你要现在吃，还是再等一小时？"

爱吹牛的人

　　我最早的几条牛仔裤，都是在巴黎中学的椅凳上磨损的。那时，我和一位瘦高的男孩有点交集，这男孩名叫奥利维，是个说谎不用打草稿的人，但是他的谎言给我们平添了不少乐趣。和他在一起，就不必上电影院看电影。你永远可以在他旁边找到好位子，看他出神入化的演出。礼拜一，他会突如其来地叙述他上个周末的奇遇，内容胜似天方夜谭。如果礼拜天他不是陪摇滚歌手强尾·哈利代一起过，就是到伦敦去了一趟，看最近上映的〇〇七，要不然就是有人把最新款的本田借他开。那时候法国已经进口日本汽车，我们在下课时间常常谈得口沫横飞。从早上到晚上，我们这位同学总是滔滔不绝地说着小小谎言和大大吹牛，不担心不断翻新的故事，和以前讲过的内容有出入。十点的时候是孤儿，吃午餐时成了独生子，一到下午又可能多出了四个姊妹，其中有个妹妹还是花样滑冰赛的冠军。至于他的爸爸，在现实里是个公务员，但是随着时间的推移，他会变成原子弹的发明人、披头士的经纪人，或是戴高乐的私生子。奥利维对自己这些天花乱坠的话，根本不讲究什么一致性，所以我们也不会要求他前后一贯。每当他说了一些实在很难消化的故事，引发我们的疑窦时，他都会摸着良心说："我发誓！"而他这种诚恳的态度很快就会软化我们。

后来，奥利维并没有如他原先所想的一样成为战斗机驾驶员、地下情报员，或是某个亲王的亲信顾问。但是到头来，他倒也很顺理成章的，在酒吧里找到了发挥他三寸不烂之舌的舞台。

我有些后悔，当时有点瞧不起他，因为现在我反而羡慕起他来，羡慕他说故事的高明技巧。虽然我也开始在现实之外，为自己的命运创造一些非凡的际遇，但是我不确定我能不能像他一样口齿伶俐。在我的人生里，我是第一方程式的赛车手。你一定在意大利蒙扎看过我，或者是在银石杯的比赛中看过我。没有漆上任何标志、任何号码的白色神秘赛车，那就是我驾驶的。我躺卧在"床"上——也就是说躺卧在驾驶座舱里，紧贴着弯道飞驰，头盔受到地心引力的影响而歪斜，重重压着我的头。我也曾经在拍摄历史大战役的系列电视剧里，扮演过小士兵。我拍过韦辛格托里克斯在阿莱西亚反抗恺撒的战争，拍过击退阿拉伯人入侵的普瓦捷战役，拍过凡尔登战役、拿破仑大小征战等各种战争场面。我在诺曼底登陆时受了伤，不知道还能不能空降到越南的奠边府。对复健师来说，在环法国自行车赛重要赛程举行的前夕，我是获胜机会渺茫、不被看好的选手。在她的医护下，我因为用力过度而拉伤的肌肉疼痛减轻了。在图马奈，我骑得飞快。我听见坡顶上群众的鼓噪欢呼，下坡时就只听见车轮呼呼的风声。我一马当先，足足领先其他的赛车选手好几公里。"我发誓我说的是真的！"

《生命中的一天》

　　现在，我们快要走到路的尽头了，而我还要把一九九五年十二月八日那个愁惨的日子召回我的记忆。开始写这本书的时候，我就很想叙述我还是个行动自如的地球人时那最后的人生。但是，我一再地迟延，以至于现在每当要弹跳到我的过去，我就会陷入昏迷。过去那些沉重、徒劳的时光，好像泻了满地的水银无从捡拾，我也不知道过去要从哪里谈起。字句脱串四散了。该怎么说呢，最后那一日的清晨，我最后一次从温热、柔腻、高大的棕发女孩身边睡醒，有点漫不经心，也有点抱怨这一天又要这么开始。那天一切都是灰色的、凝滞的、无可奈何的，天色、人们、城市，都因为连续好几天的大众运输系统罢工而困乏不堪。正如千百万个巴黎人，芙罗兰和我，也跟幽灵没两样，眼神空洞，面容疲惫，这一天铁定又是杂乱混乱胡乱的一天。我机械性地做了所有简单的动作，这些动作今天在我看起来都很不可思议：刮胡子、穿衣服、喝一碗巧克力。好几个星期以来，我就在等今天，今天我要试车，一位德国汽车进口商要借我一辆最新款的车子，并附借一位司机，一整天供我差遣。约定的时间一到，一个颇有专业素养的年轻人就在大楼公寓前等我，他背后是一部银灰色的宝马。我透过窗子，在楼上瞧着这部轿车。车子庞大、豪华，我不禁自问，穿着老旧牛仔装的我，坐在这部高级豪华轿车里，看起来会是什么样子。我把前额顶在玻璃上，感受一下外面的寒意。芙罗兰轻轻抚着我的颈背。我们匆匆说再见，双唇微微碰触。我迅速地下楼，楼梯似乎上了蜡。蜡的气味是过去时光最后的气息。

I read the news today, oh, boy……

（哦，孩子，我看了今天的新闻……）

收音机在两则路况报道之间（路况报道听起来总像是世界末日到了），穿插播放了披头士的歌《生命中的一天》（A day in the life）。我想写：披头士的"老"歌，但这只是没有必要的叠床架屋，他们最后一次录音可追溯到一九七〇年，他们的歌没有不老的。经过布隆尼森林的时候，宝马像飞毯似的滑行，车像茧，像甜美、豪华享受的茧。我的司机很亲切。我对他说明我下午的计划：到我前妻那里去接我儿子，天黑以前我要接他到巴黎。他们住在距离巴黎四十公里的地方。

He did not notice that the lights had changed……

（他没有注意到红绿灯变了……）

七月以来，家庭的事几乎都被我抛到脑后，提奥菲和我很久没有面对面地像男人一样谈话。我想带他到剧场去看阿西亚斯的新戏，然后到克利奇广场的餐厅去吃几个生蚝。我们早就约好，要共度周末。我希望罢工事件不会妨碍我们的计划。

I´d like to turn you on……

（我想要让你兴奋起来……）

我很喜欢这首曲子的编曲，整个管弦乐团的演奏渐次加重强度，一直到最后一个音符强力爆发出来。有人说这是钢琴从六楼摔下来的声音。车开到了勒瓦卢尔。车停在杂志社门前。我跟司机约好了下午三点。

办公室里只有一个留言，但是这留言让人吃惊。要我紧急回电给西蒙·V女士，前任卫生部长，以前法国最知名的一位女士，是最受报刊界推重的崇高人物。这一类电话绝对不会是无缘无故打来的，我先问了一下我们是不是说了什么，或做了什么，才劳烦这位几近神圣的人物打这通电话来。"我想她不太满意上一期杂志里她的那张照片。"我的助理委婉地说。

我拨了留言上的那个电话号码，果不其然，就是那个疏失，那张没有处理好的照片使我们这位偶像人物变得可笑，而不是尊荣。这是我们这一行的一个难解的奥妙之处。就一个题材孜孜不倦地工作几个星期，经过许多最专业的行家精察细究，最后却因为一个才来见习十五天的生手，弄出了一个明显的错误。结果我就必须接这通风狂雨暴的电话。因为她认为我们杂志几年以来一直和她唱反调，所以我很难说服她，她真的一直是我们崇拜的对象。通常，这种善后的电话都落在杂志主编安·玛莉的身上，她有足够柔嫩的耐心来和这些知名人士沟通。如果把我比作某位官方人士，我想我比较像丁丁漫画中的阿道克船长，有一句说一句，而不像长袖善舞的亨利·基辛格。讲完这一通四十五分钟的电话，我觉得我只是一块擦脚的垫子。

尽管诸位编辑先生、编辑小姐总会没有好声调地说"有点讨厌"，但是当杂志社老板（他的支持者帮他取了绰号，叫作红蕃酋长、路易十一、回教教主）要召开午餐会议，说要"了解状况"的时候，大家还是不会为了世界上的任何大事而缺席。午餐会的地点就在杂志社顶楼，那里是高阶管理

112

层的专属餐厅，场地很宽敞。大老板的谈话透露着一些端倪，努力揣测，大致就可以了解他偏好哪一类题材。他时而以丝绒般的温润音调表达他的推崇，时而以爪子一样的锐利奇击来驳斥，在这两种态度之间，他有各种表情达意的方式，扭扭脸、搔搔胡子。这几年我们早就学会了怎么去破译所有这些小动作。

在这最后的一餐，我已经不太记得，一如死刑犯的我所喝的最后一杯，是不是只是水。主菜，我记得有牛肉。也许我们感染了疯牛病。虽然那时候还没有爆发这个事件，但是听说疯牛病会潜伏十五年，以这样来推算，在时间上绰绰有余，受到感染也不无可能。那时候唯一有病危消息传出的是密特朗，当时整个巴黎都压着心口留意他每天的健康报告。他是在这个周末去世的吗？事实上，他又活了一个月。这顿午餐惹人厌的真正原因是，没完没了。司机再看到我的时候，夜色已经罩在玻璃窗上。为了省时间，我没向任何人说再见，就像小偷一样悄悄从办公室溜走。已经过了四点钟了。

"我们现在去会塞车，陷在车阵里。"

"我很抱歉。"

"是耽误了您的时间……"

有那么一会儿，我恨不得取消一切：看戏改期，去看提奥菲改期，我只想把自己埋在被窝里，吃一钵白奶酪，玩填字游戏。我决定抵抗这种沮丧的感觉，它已经快满到我的喉咙了。

"我们避开高速公路好了。"

"就照您的意思……"

尽管宝马马力足，但还是被卡在苏河那桥上。我们沿着圣·克鲁德的跑道走，然后经过雷蒙·波伊卡医院。每当经过那里，我都会想起小时候一个阴暗的回忆。我在读龚多协中学的时候，一位体育老师带我们到沃克松的标准体育场去做户外运动。户外运动一向是我最痛恨的。有一天，载我们去体育场的车子猛力冲撞了一位从医院跑出来的路人。这一撞，车子发出了哧哧的紧急刹车声，但是那个人一命归阴，一大摊血喷在车窗玻璃上。那是冬日的午后，就像这天。接下来的时间都在作笔录。天黑了，另一位司机载我们回巴黎。我们挤在车后座，颤抖地唱着《潘妮小巷》（Penny Lane）。还是披头士的歌。提奥菲四十岁的时候，什么曲子会成为他的回忆呢？

一个半小时以后，我们到了目的地，到了那栋我生活了十年的房子前。大花园里笼罩着雾，以前幸福时光的笑声、叫声仍在回响。提奥菲坐在背包上，在门口等我们，等着度周末。我很想打电话给芙罗兰，我的新女友，听听她的声音。但是她应该到她爸妈家去作礼拜五晚祷了。看完戏后我再跟她见面。我只参加过一次犹太家庭的这种礼拜仪式。那是在这里，在蒙特维尔，一位老突尼斯医生的家里，我的孩子就是他接生的。从这里以后，我的记忆就变得支离破碎。我的视线模糊，我的头脑混沌。我还坐到车的驾驶座上去开车，想办法集中精神看仪表板上的灯光指示。我的操控慢下来。在车灯的照射下，我几乎没办法分辨是不是该转弯了，而这条路我已经走了千百趟。我感觉到汗水成串地滴在我额头上。和对面的来车交会时，我把一辆车看成两个影像。到了第一个交叉路口，我和司机换位子。我跌跌撞撞地从车里走出来，几乎站不稳。我倒在后座。我心里只有一个念头：把车子掉头开到小镇去，我的小姨子迪安娜住在那里，她是护士。到她家门口，我意识昏沉地请提奥菲跑去叫人。不会儿，迪安娜来了。她只检查了我几秒，就下达指令："送医院。越快越好。"到医院还有十五公里。这一次司机加足了马力，火速前进。我觉得自己很异常，就好像吃了迷幻药，我告诉自己这玩意儿不适合我这个年纪。我压根没想到我可能就会这样死去。在曼特的路上，汽车尖声嘶吼，我们一路超车，以响亮的喇叭声剪出通路。我很想说几句这种话："等等。我现在好多了。不需要开这么快，免得出车祸。"但是我发不出半点声音，我的头一直晃，控制不了。

今天早上披头士的歌又回到我脑海。And as the news were rather sad, I saw the photograph. （虽然这个消息让人悲伤……我看了照片……）很快就到了医院。有人从四面八方跑过来，有人把我摇晃的手臂架在推椅上。车门轻轻关上。有人告诉过我，听关车门的声音就知道车子好不好。我觉得走道上的灯光很刺眼。电梯里，有陌生人热情地为我加油，披头士唱到"生命中的一天"最后一句。钢琴从六楼掉下去。在它还没有触地，还没摔坏以前，我还有时间想最后一件事：看戏非得改期不可。我们就算现在赶去也会迟到。明天晚上再去吧。哦，对了，提奥菲人在哪里？我沉陷于昏迷。

开学了

夏天接近尾声了。晚上转凉，我又要在厚厚的被子里缩成一团。我盖的被子上有"巴黎医院"的蓝色字样。每天有几张熟悉的脸孔，会在暑假这段休憩的日子出现在医院：清洁妇、牙医、送信的人，和一位护士。这位护士成了小汤马仕的祖母。还有一位六月时被床的栏杆折断指头的人。暑假一过，大家重新找回旧有的习惯、旧有的标记。这是我在医院第一次体会到，团体的作息回返常态。医院的"开学"使我确定了一件事：我真的是这里的新生。这里，在床、轮椅、走廊之间，有生命来来走走，生命都走了，但是都走不出这里。

我低声哼着《袋鼠》这首小歌，这歌是用来测定我发音正不正确的：

　　　　袋鼠跳过墙，

　　　　动物园围墙，

　　　　天哪，好高哦，

　　　　天哪，好美哦。

　　除了医院的"开学"以外，对于"学校开课"、"工作开工"……这种种过完暑假后的新开始，我只听到一些嘶哑的回声。文学界开始活动、学校开始上课、巴黎人回到巴黎去，不过，不久以后我会有更多外界的消息，等我的朋友又到贝尔克来，他们会带来满箩满筐的新奇见闻。现在，提奥菲好像穿着一双特殊的篮球鞋跑来跑去，鞋子踩在地上时，脚后跟会闪着亮光。在漆黑中可以跟着他的脚步走。在这期间，我以轻松的心，津津有味地品尝着八月最后一个星期，因为，很久以来这是第一次，我没有像暑假刚开始的时候那样，痛苦地数算过去流逝了多少日子，这反而让我糟蹋了大半的时光。

　　克萝德的手肘靠在一张塑料小桌子上，这张桌子就是她的办公桌，两个月以来，每天下午，她都在这里耐心地从虚空之中抽丝似的记录下文章。现在，她把这些文章念给我听。有些部分我听了很舒心，有些部分却让人失望。这样就能出一本书吗？我一边听，一边凝视她棕色的发绺。她苍白的脸颊因太阳和风而略显潮红，她的手上看得见长长的蓝色静脉。种种的文具、用品都将成为这个勤奋工作的夏天的回忆影像。蓝色的大笔记本，每一页都写满了她端正、娟秀的字。小学生的铅笔盒，装满了一只只备用的圆珠笔。一叠卫生纸，为我的咳痰而准备。还有一个红色的小钱包，她不时会从里面掏出零钱，去买杯咖啡。小钱包的拉链微微开着口，我瞥见了一把旅馆的钥匙、一张地铁车票、一张对折又对折的百元法郎钞票。这些东西就好像是被送到地球来的太空探测器，以研究地球人目前的生活形态、运输形态、交易形态。这些东西让我心慌，也让我沉思。在宇宙中，是否有一把钥匙可以解开我的潜水钟？有没有一列没有终点的地铁？哪一种强势货币可以让我买回自由？应该要去其他的地方找。我去了，去找找。

贝尔克海滩，一九九六年，七至八月

图书在版编目（CIP）数据

潜水钟与蝴蝶／〔法〕鲍比著；邱瑞銮译. － 海口：南海出版公司，2007.8

ISBN 978-7-5442-3814-4

Ⅰ.潜… Ⅱ.①鲍… ②邱… Ⅲ.随笔－作品集－法国－现代 Ⅳ.I565.65

中国版本图书馆 CIP 数据核字(2007)第 118603 号

著作权合同登记号　　图字：30-2007-088

QIANSHUIZHONG YU HUDIE

潜水钟与蝴蝶

作　　者	〔法〕让-多米尼克·鲍比
译　　者	邱瑞銮
丛书策划	新经典文化（www.readinglife.com）
责任编辑	翟明明
装帧设计	新经典工作室·徐　蕊
内文制作	白雪艳
出版发行	南海出版公司　　电话 (0898)66568511
社　　址	海口市海秀中路 51 号星华大厦五楼　　邮编 570206
电子邮箱	nanhaicbgs@yahoo.com.cn
经　　销	新华书店
印　　刷	北京国彩印刷有限公司
开　　本	880×1230毫米　1/32
印　　张	4
字　　数	42 千
版　　次	2007 年 9 月第 1 版　　2007 年 9 月第 1 次印刷
书　　号	ISBN 978-7-5442-3814-4
定　　价	20.00元

南海版图书　　版权所有　　盗版必究